Christina Buchner

Schulerfolg ist machbar

HERDER spektrum

Band 5355

Das Buch

Jedes Kind kann erfolgreich sein – das ist die Grunderfahrung von Christina Buchner, die seit Jahren Grundschullehrerin und -leiterin ist. Was ist das Geheimnis des Erfolgs? Nicht alles ist nämlich „angeboren" oder „Begabung" – auch dies ist eine Erfahrung von Christina Buchner. Sie zeigt Eltern, in welchen Bereichen es darauf ankommt, dass Kinder die Ausdauer entwickeln und etwas einfach „lernen": etwa das „Kleine Einmaleins". Denn es gibt wichtige Lerninhalte, die auch begabten Kindern nicht einfach „zufliegen", sondern gelernt werden müssen. Da heißt es dann auch, eine bestimmte, hilfreiche Arbeitshaltung zu lernen. Denn auch dies ist wissenschaftlich nachgewiesen: Wie man lernt, das wird in den ersten Schuljahren festgelegt und lässt sich später nur schwer korrigieren. Dass dies nicht quälend sein muss – für Kinder und Eltern –, sondern durchaus lustvoll und mit Freude geschehen kann, weiß Christina Buchner ebenfalls. Sie gibt zahlreiche Tipps, wie das Lernen leichter fällt. Und sie zeigt, wie man Unter- und Überforderungen erkennt und vermeidet – denn beides führt nur zu Frustrationen bei Kindern – und auch bei Eltern. Denn Kinder wollen und sollen sich an ihren Erfolgen freuen können – und sie wollen etwas leisten.

Die Autorin

Christina Buchner ist Leiterin einer Grundschule und Autorin zahlreicher Bücher. Bei Herder Spektrum: Kluge Kinder fallen nicht vom Himmel. Was Eltern alles tun können.

Christina Buchner

Schulerfolg ist machbar

Gute Leistungen in der Grundschule

HERDER
FREIBURG · BASEL · WIEN

Gedruckt auf umweltfreundlichem,
chlorfrei gebleichtem Papier

Originalausgabe

6. Auflage

www.herder.de
Herstellung: fgb · freiburger graphische betriebe 2007
www.fgb.de
Umschlaggestaltung und Konzeption: R · M · E München /
Roland Eschlbeck, Liana Tuchel
Umschlagfoto: © Zefa
ISBN-13: 978-3-451-05355-9
ISBN-10: 3-451-05355-1

Inhalt

Vorwort

Viele Kinder gehen heutzutage zur Schule, die ihr Potenzial nicht einmal annähernd verwirklichen können. Eltern, die sehr wohl sehen, dass ihr Kind – gemessen an seinen Anlagen – viel zu wenig „bringt", sind oft darüber enttäuscht und beginnen mit Vorhaltungen und Vergleichen.

Dabei wäre es so leicht, Schulerfolg zu haben, wenn alle Beteiligten ihre Pflichten als solche wahrnähmen und ernsthaft bemüht wären, Ihr Bestes zu geben.

Die Eltern wären dann erfolgreiche Coaches.

Die Kinder würden erleben, was es heißt, sich anzustrengen und Freude am Lernen zu haben.

Die Lehrer wären in der Zusammenarbeit mit lernwilligen Kindern und kooperativen Eltern hoch motiviert und könnten wirklich ihr Bestes geben, ohne sich im Kampf gegen die Widrigkeiten des Alltags zermürben zu lassen.

Eine entscheidende Schlüsselposition im Bemühen um Schulerfolg kommt neben der Schule – von der es niemanden wundert – den Eltern zu. Sie können enorm viel zum Schulerfolg ihrer Kinder beitragen, wenn sie ihre Rolle richtig wahrnehmen und sich ihrer Verantwortung nicht entziehen. Durch gute Ratschläge von allen Seiten – ähnlich den vielen Köchen im Sprichwort –, sind sie heute aber oft verunsichert und haben Angst, ihrem Kind zu wenig für sein weiteres Leben mitzugeben. Dabei sind die nach wie vor wichtigen Dinge einfach und ohne Geld zu haben.

Dieses Buch soll Ihnen Mut machen, sich wieder auf das Wesentliche zu konzentrieren, soll Sie aber auch sehr eindringlich auf Ihre Verantwortung Ihrem Kind gegenüber aufmerksam machen und Ihnen Wege aufzeigen, dieser Verantwortung gerecht zu werden.

Lernen ist schön und Schulerfolg ist machbar. Ich wünsche Ihnen und Ihren Kindern, dass auch Sie diese Erfahrung machen dürfen.

Traunstein, im Frühjahr 2003

Einführung

Im Jahr 1967 erschien eine wissenschaftliche Untersuchung, die bis heute nichts von ihrer Gültigkeit und Aktualität eingebüßt hat. Sie hieß: „Erfolg und Versagen in der Grundschule“ von Lilly Kemmler.[1]

In dieser Untersuchung ist die Antwort auf die zentrale Frage vorweggenommen, die heute, nach dem PISA-Schock, die Gemüter bewegt: Wie kann es nur kommen, dass unsere Kinder keine besseren Leistungen erzielen? In meiner 30-jährigen Unterrichtspraxis war es eine ähnliche Frage, die mich immer wieder angespornt hat, Lösungen zu suchen, nämlich die Frage, warum Kinder, die intelligent sind, in der Schule so oft nicht den Erfolg haben, der dieser Intelligenz entspricht. Auch ich habe Antworten auf meine Frage gefunden, sehr einfache Antworten, die gut zu den Ergebnissen Lilly Kemmlers passen und diese ergänzen.

Eines wird für meine Leser (und selbstverständlich auch Leserinnen, das sei hier einmal und damit ausreichend für das ganze Buch festgestellt) bei der Lektüre deutlich werden: Der Weg zu guten Schulleistungen ist einerseits viel einfacher, als sich manch einer das vorstellt, andererseits sicher aber auch schwieriger, denn er verlangt von den Eltern engagierte Mitarbeit und erlaubt es nicht, die Sorge um gute Schulleistungen einfach nur der Schule zu überlassen, nach dem Motto: „Das ist euer Job, nun macht mal schön.“ Diese

Haltung – die übrigens gar nicht so selten ist – gehört zu denjenigen Faktoren, die wesentlich zu schulischem Scheitern beitragen.

Nun sollen die Eltern aber nicht die Rolle von Nachhilfelehrern übernehmen. Das wäre entschieden zu kurz gesprungen! Ihre Rolle ist komplexer und anspruchsvoller. Eltern werden von der Schule als Partner und von ihren Kindern als interessierte, liebevolle und auch einsatzfreudige Begleiter eines spannenden Prozesses gebraucht. Was könnte für Eltern interessanter sein als die Entwicklung ihrer Kinder?

Dass Sie Ihr Kind von Anfang an richtig begleiten, wenn es sein „neues" Leben als Schulkind beginnt, dazu wird Ihnen das vorliegende Buch hoffentlich eine wertvolle Hilfe und ein nützlicher Ratgeber sein.

Wann fallen die Würfel?

Die ersten beiden Schuljahre werden von vielen Eltern sehr leicht genommen. Alles erscheint noch „irgendwie" einfach und spielerisch. Hausaufgaben werden am Anfang eher als unverbindlich erlebt, und Noten gibt es ja auch noch keine. Die Zeugnisse der 1. und 2. Klasse sind „nur" Wortgutachten, aus denen jeder das herauslesen kann, was er gerne hören möchte. In der 3. Klasse, wenn es die ersten Noten gibt, ist dann oft „Schluss mit lustig". Manche Eltern stellen fest, dass ihr Kind gar nicht so viel kann, wie sie immer angenommen haben. Das muss nun nicht heißen, dass es sich als Schulversager entpuppt. Enttäuschung wird immer dann empfunden, wenn Erwartung und Realität nicht zusammenpassen.

Und in der 4. Klasse spitzt sich die Lage vollends zu. Nun beginnen auch diejenigen Eltern, die im Vorjahr noch gelassen abgewartet haben, nervös zu werden. Das Damoklesschwert „Übertritt" schwebt über den Familien. Spätestens jetzt wird schweres Geschütz aufgefahren: Die Sprechstunden der Klassenlehrer sind plötzlich ausgebucht, es werden Nachhilfestunden organisiert, die Hausaufgaben werden überwacht, bei schlechten Noten werden Fußball oder Fernsehen gestrichen, selbst Väter kommen zu den Elternabenden.

Wenn man diesen Wechsel der elterlichen Einstellung – von anfänglicher Gleichgültigkeit der Schule gegenüber bis zu hektischer Betriebsamkeit in der 4. Kasse – so oft erlebt hat wie ich, dann empfindet man manchmal so etwas wie Bitterkeit: Vieles wäre zur rechten Zeit so einfach gewesen und ist nun so mühsam und wenig Erfolg versprechend.

Dabei gilt: Je früher Eltern anfangen, die Schullaufbahn ihrer Kinder konstruktiv und kompetent zu begleiten, desto mehr wird dabei herausschauen. Andererseits ist bis zur 3. Klasse noch sehr viel möglich. In der 4. Klasse ist es dann schwer, noch grundlegende Verbesserungen zu erzielen.

Aus der Entwicklungspsychologie wissen wir, dass es in der kindlichen Entwicklung so etwas wie Fenster gibt, die einige Zeit geöffnet bleiben und gute Bedingungen für Förderung und Entwicklung bieten. Diese werden aber irgendwann geschlossen. Alles was danach geschieht, verlangt viel mehr Aufwand und bringt weniger Ertrag.

So kann zum Beispiel die emotionale Entwicklung besonders wirksam im ersten Lebensjahr beeinflusst werden, Sprachentwicklung und Intelligenz bis zum vierten Lebensjahr, Gruppenfähigkeit, Disziplin, Befolgen sozialer Regeln bis zum Schuleintritt, Fleiß, Motivation und Ausdauer ungefähr bis zum neunten Lebensjahr.

Das heißt, dass gerade die Eigenschaften, die über erfolgreiches Lernen entscheiden, auch in den ersten Schuljahren noch grundgelegt werden können.

Und hier ist der Punkt, an dem wir einsetzen.

Was ist Schulerfolg?

Alle Eltern werden die Frage, ob sie sich Schulerfolg für ihr Kind wünschen, bejahen. Würde man sie befragen, was genau sie denn darunter verstehen, wäre die Antwort wahrscheinlich, das Kind solle eben ein guter Schüler werden und gute Noten bekommen. Für den pädagogischen Laien ist das sicher einleuchtend. Nun gibt es aber Schülerbiographien, die trotz guter Noten nicht als erfolgreich angesehen werden können.

Wie ist zum Beispiel die Laufbahn von Jens einzustufen, der an der Grundschule gute Noten hat, nach der 4. Klasse den Übertritt in das Gymnasium ohne große Mühen schafft, aber nie gerne lernt, am Gymnasium immer weiter abfällt, sich in der 10. Klasse wieder fängt und schließlich nach der 11. Klasse mit der Schule aufhört und ein Handwerk lernt, weil er einfach nicht mehr mag?

Oder Lisa. Hat sie Schulerfolg, wenn sie – vor allem auf Betreiben ihrer Eltern – bienenfleißig und ehrgeizig ist, am Gymnasium immer zu den Besten gehört, geradezu eine Musterschülerin ist und mit 15 Jahren buchstäblich „ausrastet“, auf die Schule „keinen Bock“ mehr hat, mit Mühe gerade noch die Mittlere Reife schafft und dann lustlos eine kaufmännische Lehre absolviert?

Dann haben wir noch Martin. Er schreibt an der Grundschule zunächst mittelmäßige Noten, entwickelt aber Ehrgeiz, arbeitet motiviert und selbstständig, wechselt nach der Grundschule auf die Realschule. Nach der Mittleren Reife lernt er das Schreinerhandwerk. Er hat Freude am Lernen und besucht nach der Gesellenprüfung eine Fachhochschule. In einer Firma, die Holzhäuser baut, findet er eine interessante und gut bezahlte Stellung und hat genau den Platz im Leben, an dem er sich wohl fühlt.

Auch Erik muss an der Grundschule von Anfang an konsequent arbeiten, um ein guter Schüler zu sein. Zunächst fallen ihm Lesen und Schreiben schwer. Aber er will alles gut können und arbeitet ausdauernd, immer unterstützt von Eltern, die von ihm gar keine Spitzenleistungen erwarten, sondern einfach wollen, dass es ihrem Kind gut geht. In der 3. Klasse hat Erik zunächst einige Misserfolge im Fach Deutsch. Gerade Grammatik und Rechtschreiben sind seine Schwachstellen. Er bleibt aber motiviert, übt ausdauernd und fleißig und gehört in der 4. Klasse zu den besten Rechtschreibern. Selbst in den Sprachlehrearbeiten schreibt er gute Noten. Sein Ziel ist der Wechsel an das Gymnasium. Den schafft er auch. Er fängt mit Latein als erster Fremdsprache an und entscheidet sich dann für den mathematisch-naturwissenschaftlichen Zweig. Seine Leistungen bleiben stabil, in den naturwissenschaftlichen Fächern entwickelt er sich sogar zu einem richtigen „Senkrechtstarter". Dass er das Abitur schaffen wird, steht außer Zweifel. Er wird sich später vermutlich für ein technisches oder naturwissenschaftliches Studium entscheiden.

Vier unterschiedliche Schüler – vier unterschiedliche Biographien: Wer von diesen vier hat Schulerfolg? Sind es Jens und Lisa, denen in der Grundschule alles leicht fiel? Oder eher Martin und Erik, die sich zunächst durchbeißen mussten?

Wenn wir daran denken, was wir uns für unsere Kinder am meisten wünschen, nämlich einen Platz im Leben, an dem sie ihre Begabung beruflich umsetzen können und sich wohl fühlen, dann werden wir Martin und Erik erfolgreicher finden als Jens und Lisa.

Aus der Grundschulperspektive und dem vordergründigen Leistungs- und Notendenken heraus wären es jedoch eher Jens und Lisa, die wir als Vorbilder empfinden würden.

Gerade an ihrem Beispiel ist jedoch sehr deutlich zu sehen, wie wenig gute Noten allein bedeuten. Schulerfolg ist nicht allein durch gute Noten definiert. Was dazu alles gehört, möchte ich hier für Sie auflisten:

Ein Kind hat Schulerfolg, wenn es

- erlebt, dass es Lernfortschritte macht.
- an diesen Fortschritten Freude hat.
- bereit ist, sich für Lernfortschritte auch anzustrengen.
- in der Lage ist, ausdauernd bei der Sache zu bleiben, bis es eine Aufgabe erledigt hat.
- Ergebnisse erzielt, die seiner Begabung angemessen sind.
- in der Lage ist, sein Lernen so zu organisieren, dass es seine Aufgaben bewältigt.
- schulisches Lernen als sinnvoll empfindet.
- seine Mappen und Hefte ordentlich führt.
- seine Schulsachen in Ordnung hat.
- das, was es in der Schule lernt, auch außerschulisch in irgendeiner Form nützt: durch Lesen von Büchern, Aufsagen von Gedichten, durch Rechnungen, die sich aus dem Alltag ergeben, beim Entdecken von Dingen in der Natur.

Schulerfolg, der sich so äußert, wird länger tragen und einem Kind viel mehr bringen als einige gute Noten, die nur oberflächlichen Erfolg bedeuten, der durch mäßige oder schlechte Noten sehr schnell zunichte gemacht werden kann.

Ein Kind, das jedoch wirklich erfolgreich ist, weil es seine Anlagen umsetzen kann und seine Kenntnisse Schritt für Schritt, oft auch unter beträchtlichen Mühen, erweitert, wird sich durch einen vordergründigen Misserfolg in Gestalt einer schlechten Note nicht entmutigen lassen. Diese wird ihm vielmehr ein Ansporn sein, die gemachten Fehler in Zukunft zu vermeiden.

Dass Schulerfolg, wie ich ihn definiere, sich langfristig natürlich nur positiv auf die Noten auswirken kann, ist klar. Dass darunter aber viel mehr verstanden wird als das Strohfeuer einiger schnell erzielter Einsen oder Zweien, leuchtet sicher auch ein.

Eltern können Schulerfolg fördern

Ich war lange Jahre Klassenlehrerin in der 1. und 2. Klasse. Da gerade diese beiden Jahre die Möglichkeit bieten, Lernfähigkeit, Leistungsbereitschaft und Motivation eines Schulkindes zu entwickeln, legte ich von Anfang an Wert darauf, die Eltern meiner Schüler entsprechend zu informieren. So bekamen sie zum Beispiel am ersten Elternabend immer ein „Merkblatt für gute Eltern", mit einer Übersicht darüber, was alles erfolgreiche Schüler von Schulversagern unterscheidet. Diese Übersicht war zusammengestellt nach den Ergebnissen der eingangs erwähnten Untersuchung von Lilly Kemmler[2] und nannte einen großen Teil der wichtigen Merkmale von erfolgreichen Schülern. Die meisten Eltern waren über die Punkte, die hier aufgeführt waren, überrascht, hatten sie doch eher mit Erfolgsmerkmalen gerechnet, die auf den ersten Blick als leistungsbezogen zu erkennen waren. Dass aber so nebensächliche Dinge wie das Pausenbrot, das ein Kind dabeihat, für das Lernen eine Rolle spielen, bedurfte einer Erklärung. Vor diesem Hintergrund nimmt es sicher auch nicht Wunder, dass manche Eltern die Empfehlungen nicht ernst genug nahmen, um sich wirklich täglich daran zu halten. Für uns Lehrerinnen – auch einige meiner Kolleginnen übernahmen nämlich dieses Merkblatt – interessant und mit den Ergebnissen der Untersuchung übereinstimmend war die Beobachtung, dass gerade die Kinder, deren Eltern sich nicht an unsere Empfehlungen hielten, am nötigsten Unterstützung gebraucht hätten.

Neben den Punkten, die ich auf dieser ersten Übersicht für die Eltern aufführte, gibt es noch Persönlichkeitsmerkmale des erfolgreichen Schülers, die bei guter und fruchtbarer Zusammenarbeit zwischen Elternhaus und Schule in den ersten Schuljahren entwickelt und gefördert werden können. Die Wiener Psychologin Lotte Schenk-Danzinger beschrieb diese Merkmale bereits in den siebziger Jahren in ihrer „Pädagogischen Psychologie".[3]

Dass gerade in den siebziger Jahren einige pädagogische „Klassiker" erschienen sind, die bis heute nichts von ihrer Gültigkeit verloren haben, ist leicht zu erklären: Es wurde zu der Zeit zum ersten Mal in der Fachliteratur das Phänomen des Schulversagens auf breiter Basis beschrieben und diskutiert. Während vorher Kinder, die schlechte Leistungen erbrachten, vielfach als dumm abgestempelt wurden, begann damals die Auseinandersetzung mit den Ursachen des Schulversagens.

Es gibt also zwei Säulen, die für die schulische Leistungsfähigkeit von entscheidender Bedeutung sind:

Das Verhalten der Eltern und ihre Einstellung zum Kind, zur Schule, zu Leistung und Lernen
und
Das Lernverhalten der Schüler und ihre Einstellung zu Schule, Leistung und Lernen.

Wenden wir uns zunächst einmal den Merkmalen zu, die nach Kemmlers Untersuchung auf erfolgreiche Schüler zutreffen.

Merkblatt für die Förderung von Schulerfolg durch die Eltern

zusammengestellt nach den Ergebnissen der Untersuchung von Lilly Kemmler: Erfolg und Versagen in der Grundschule[4]

- Alle Schulsachen werden vollständig, richtig und termingerecht besorgt.
- Die Eltern fragen regelmäßig bei der Lehrkraft nach.
- Beide Eltern interessieren sich für die Schule.
- Zu jedem Elternabend kommt mindestens ein Elternteil.
- Das Kind kommt pünktlich in die Schule.
- Das Kind hat ein zu Hause hergerichtetes Pausenbrot dabei.
- Das Kind kommt sauber gekleidet und ordentlich gekämmt in die Schule.
- Die Hausaufgaben werden zu Hause von einem Elternteil angesehen.
- Schreib- und Rechenfehler werden ausgestrichen und sofort verbessert.
- Empfehlungen der Lehrkraft werden befolgt.
- Die Eltern sind bereit, bei Gemeinschaftsunternehmen mitzuhelfen.

Es wäre natürlich töricht zu behaupten, die angeführten Merkmale würden direkt und unmittelbar auf den Schulerfolg Einfluss nehmen. Es ist vielmehr so, zu diesem Schluss kommt auch Kemmler in ihrer Untersuchung, dass auf erfolgreiche Schüler diese Merkmale auffällig häufiger zutreffen als auf Schulversager. Wenn möglichst vielen, am besten allen dieser Merkmale entsprochen wird, wird ein Rahmen geschaffen, in dem es einem Kind leichter fällt, gute Leistungen zu erbringen. Aus meiner Erfahrung kann ich bestätigen, dass fast alle erfolgreichen Schüler Eltern haben, bei denen die meisten der angeführten Merkmale zutreffen. Ich kann ebenfalls feststellen, dass ich noch nie einem Schulversager begegnet bin, für dessen Eltern alle oder auch nur die meisten Merkmale zutrafen.

Wenn wir die aufgeführten Punkte zu Gruppen zusammenfassen, ergeben sich für die Eltern folgende Bereiche, in denen sie fördern können:

Der äußere Rahmen des Lernens: Ordnung und Fürsorge
Das Interesse an der Arbeit des Kindes: Kontakt zur Lehrkraft und zur Schule, Teilnahme an der Arbeit, Kontrolle der Aufgaben
Zusammenarbeit mit der Schule: Besuch der Elternabende, Kontakt zur Lehrkraft, Befolgen von Empfehlungen
Bereitschaft, selbst etwas für die Schule beizutragen: Mithilfe bei schulischen Vorhaben, Gemeinschaftsunternehmen
Bereitschaft, einen Teil der Verantwortung für das schulische Lernen zu übernehmen: Kontrolle der Aufgaben, Befolgen von Empfehlungen
Ernstnehmen der fachlichen Kompetenz der Lehrkraft: Befolgen von Empfehlungen, Besuch der Elternabende, Unterstützen schulischer Maßnahmen
Wertschätzung der schulischen Arbeit des Kindes: Besuch von Schulveranstaltungen, Mitarbeit, beide Eltern nehmen Teil am Schulleben

Erfolgsmerkmal Nummer eins:

Schüler, die von ihren Eltern die nötige Fürsorge erfahren, haben bessere Chancen

Vor vielen Jahren hatte ich eine Schülerin, Jana, die ein besonders bedauernswertes Beispiel dafür abgab, um wieviel geringer die Erfolgsaussichten eines vernachlässigten Schulkindes sind. Janas Mutter war selbst noch sehr jung, gerade etwas über zwanzig, als Jana geboren wurde. Bei der Geburt stellte sich heraus, dass die Nabelschnur so fest um Janas einen Unterschenkel gewickelt war, dass ein Fuß amputiert werden musste. Als Jana zu uns kam, trug sie eine Beinprothese. Sie war ein fröhliches Kind, das nicht dumm und auch durchaus lernwillig war, aber weder Janas Motivation noch unsere schulischen Bemühungen konnten den Schaden kompensieren, der aus der Nachlässigkeit ihrer Mutter und der fehlenden Fürsorge entstand.

Der körperliche Pflegezustand eines Kindes – Kennzeichen und Merkmal elterlicher Fürsorge

Es wäre natürlich – siehe oben! – Unsinn zu behaupten, der Pflegezustand eines Kindes beeinflusse auf direktem Weg dessen Lernfähigkeit. Er gibt aber einen Hinweis darauf, wie fürsorglich Eltern mit ihrem Kind umgehen. Und das wiederum ist sehr wohl von Bedeutung. Eltern, die sich darum kümmern, dass ihr Kind sauber gewaschen, gekämmt und ordentlich gekleidet zur Schule geht, befassen sich intensiver mit ihm, interessieren sich auch mehr für sein Wohlergehen und geben ihrem Kind somit mehr Sicherheit und Selbstwertgefühl mit auf den Weg. Wie ungeliebt und überflüssig muss sich ein Kind vorkommen, das morgens allein und ungewaschen in die Kleider vom Vortag schlüpfen muss, das mit verklebten Augen und strubbeligem Haar aus dem Haus geschickt wird? Und wie anders wird ein sauber gewaschenes, liebevoll gekleidetes und frisiertes Kind seinen Weg in einen neuen Tag antreten! Es bekommt neben der körperlichen Zuwendung auch eine Portion elterlicher Liebe mit auf den Weg. Eine Mutter, die sich bereits morgens beim Zurechtmachen mit ihrem Kind beschäftigt, wird auch dessen Stimmung spüren, wird ihm vielleicht Mut machen, wenn etwas Schwieriges oder Unangenehmes bevorsteht, wird seine Vorfreude auf einen schönen Schultag teilen, kurz: Das Kind erlebt, dass es mit seinen Freuden und Kümmernissen nicht allein ist, dass es jemanden hat, der sie mit ihm teilt.

Das Pausenbrot – mehr als nur irgendetwas zum Sattwerden

Aus diesem Grund ist es auch alles andere als gleichgültig, welches Pausenbrot ein Kind mitbekommt. Es ist für uns Lehrer so interessant, in der Esspause einen Blick auf die verschiedenen Brotzeiten der Kinder zu werfen. Die Unterschiede sind enorm: Da gibt es appetitliche Sandwiches mit Salatblatt, Gurkenscheiben oder selbst gemachtem Brotaufstrich, in feine Scheiben, Würfel oder Stifte geschnittene Rohkost, geschälte und geviertelte Äpfel, Orangenstückchen und vieles mehr. Wir sehen aber auch Kinder, die nur eine Milchschnitte und eine Caprisonne dabeihaben. Jana bekam jeden Tag von ihrer Mutter einen süßen Riegel, eine Packung Saft und eine Banane mit. Als ich sie darauf ansprach, ob sie denn Jana nicht einmal etwas selber herrichten könne, meinte sie: „Nee, nee, frühmorgens, da bin ich noch viel zu müde für so was. Da ist es doch so praktisch: ein Griff in die Schachtel mit den Riegeln auf dem Schrank, einen zum Saft in den Kühlschrank und die Banane. Da hat sie alles, was sie braucht!" Dass dieses Vorgehen praktisch war, konnte ich nicht verneinen. Dass Jana aber weit mehr gebraucht hätte als diese Minimalverpflegung, die ihr lediglich den physischen Hunger ersparte, das war der Mutter nicht klarzumachen. Sie hielt meine Vorstellungen offensichtlich für völlig übertrieben und machte im bewährten Stil weiter. Gerade unter den Riegel- und Saft-Kindern – mit Saft meine ich hier die gezuckerten Fruchtsaftgetränke – gibt es weit mehr Schulversager als unter den Gesunde-Pause-Kindern. Das ist eine Beobachtung, die nicht nur ich in meinen Klassen mache. Das hängt zum einen sicher damit zusammen, dass die Mühe, die auf das Herrichten einer Brotzeit verwendet wird, auch etwas aussagt über die Fürsorge, die ein Kind grundsätzlich genießt. Darüber hinaus sind aber gezuckerte Getränke und extrem süße Zwischenmahlzeiten und Brotaufstriche regelrechte „Konzentrationskiller", die den Glukosehaushalt des Körpers so durcheinander bringen, dass ein wildes Geschaukel zwischen Unter- und Überzucker im Blut einsetzt. Das bedarf einer genaueren Erklärung.

Die Zuckerfalle oder: Wie können Süßigkeiten zu Zuckermangel führen?

Unser Gehirn braucht als „Treibstoff" Glukose, das ist reiner Zucker. Ebenso erhält die Netzhaut unserer Augen ihre Energie in Form von Glukose. Und schließlich verbrennen auch die Muskeln bei ihrer Arbeit Glukose. 90 Prozent des Blutzuckers werden jedoch für Gehirn und Augen gebraucht. Da die Versorgung des Gehirns in unserem Körper absolute Priorität hat, wird der richtige Blutzuckerspiegel genau kontrolliert. Er muss mit einer Konzentration von 0,1 Prozent im Blut konstant bleiben. Wird er zu hoch, sondert die Bauchspeicheldrüse Insulin aus, das den Zuckerspiegel senkt. Wird er zu niedrig, verspüren wir Hunger, und es werden „stille" Reserven im Körper – zunächst aus der Leber, dann aus Muskeln und Fettpolstern – abgebaut, zu Zucker umgewandelt und ins Blut geleitet.

Bei einem Vortrag sagte einmal eine empörte Mutter zu mir: „Aber Sie *wissen* doch, dass das Gehirn Glukose braucht. Wie können Sie also sagen, Süßigkeiten seien für das Lernen schädlich!"

Nun hatte ich allerdings nicht gesagt, Süßigkeiten seien immer und unter allen Umständen fürs Lernen schädlich. Es kommt, wie bei allem, auf die richtige Dosis und den rechten Zeitpunkt an. Betrachten wir zunächst einmal die physiologischen Vorgänge, die sich in unserem Körper abspielen.

Wenn wir Weißmehl, Süßigkeiten oder zuckerhaltige Getränke zu uns nehmen, dann steigt der Zuckerspiegel im Blut sehr schnell auf über 0,1 Prozent an. Fabrikzucker gelangt sehr viel schneller ins Blut als Zucker aus vollwertigen Nahrungsmitteln. Unser Körper leitet deshalb schnell Regulierungsmaßnahmen ein, denn ein Zuckerschock durch Überzucker kann lebensgefährlich sein. Die „Gesundheitspolizei" Insulin baut also Zucker ab. Bedingt durch das rasche Ansteigen des Zuckerspiegels erfolgt eine zu starke Gegenreaktion des Körpers: Es wird zuviel Zucker abgebaut, so dass der Zuckerspiegel jetzt unter die 0,1-Prozent-Marke sinkt und damit ein gegenteiliges Warnsignal auslöst: ein hypoglykämischer Schock (Unterzuckerschock) ist genauso gefährlich wie ein Zuckerschock. Deshalb verspüren wir jetzt einen Heißhunger auf Süßes, es werden Reserven im Körper abgebaut, der Blutzuckerspiegel steigt wieder an. Wenn wir mit süßen Riegeln, Zuckergetränken und Nutellabrot nachhelfen, dann haben wir jetzt wieder die Situation wie zu Beginn unserer Schilderung: Zuckeralarm im Körper! Und alles geht wieder von vorne los.

Dass so etwas nicht gesund ist, leuchtet ein. Nicht umsonst haben immer mehr Kinder bereits Diabetes vom Typ II, der als Altersdiabetes eigentlich erst bei älteren Menschen auftritt. Nicht Gesundheit ist hier jedoch unser Hauptthema, sondern Lernfähigkeit. Was also bedeutet diese Zuckerschaukel – einmal zu viel und dann wieder zu wenig – für das Gehirn und die Lern- und Konzentrationsfähigkeit?

Kinder, die viele Süßigkeiten bekommen, sind zappeliger und weniger konzentrationsfähig als ihre ausgeglichen ernährten Altersgenossen. Diese Beobachtung sorgte in den achtziger Jahren für einiges Aufsehen, denn es wurden daraus Diäten für hyperaktive Kinder abgeleitet, die ganze Familien in feindliche Lager spalteten. Hertha Hafer mit ihrer phosphatfreien Diät[5] ist mittlerweile Geschichte. Aber für ihre Theorie, sei sie auch noch so extrem, gilt, was häufig zutrifft: „Ein bisschen was ist schon dran." Auf alle Fälle muss man ihr und auch ihrem amerikanischen Vorgänger Dr. Feingold, dem „Erfinder" der Feingold-Diät für hyperaktive Kinder, das Verdienst zusprechen, dass sie den Zusammenhang zwischen Nahrung und Verhalten erstmals einem breiten Publikum bewusst machten und so auch ein gewisses Umdenken einleiteten, das dazu führte, dass in vielen Familien Junkfood nicht mehr ganz so unbekümmert konsumiert wird wie vor dieser öffentlichen Auseinandersetzung.

Übermäßiger Zuckerkonsum macht Kinder zappelig und unkonzentriert – das ist die eine Seite der Medaille. Da das Pendel aber nach beiden Seiten ausschlägt und im Blut einmal zu viel und dann wieder zu wenig Glukose vorhanden ist, können wir beobachten, dass gerade die Zappelkinder auch geistesabwesende Phasen haben, in denen sie schlapp im Stuhl hängen und gar nichts mitbekommen. Es scheint, als seien viele Kinder gefangen zwischen den beiden Extremen: Zappeligkeit, Ungeduld und Unrast einerseits und Schlappheit, Müdigkeit und „Mattscheibe" andererseits. Die Ursachen in derartigen Fällen können sicher nicht so einfach nur falscher Ernährung zugeschrieben werden.

Aber dennoch gilt auch hier: Gezielte Beobachtung dieser Kinder zeigt, dass fast immer die Ernährung alles andere als optimal ist und eine Modifikation der Ernährungsgewohnheiten fast immer auch eine Verbesserung im Verhalten und damit auch in der Lernfähigkeit bringt.

Welche Konsequenz können Sie nun aus den Informationen über den Zuckerstoffwechsel ziehen, ohne deshalb gleich strenge Diätpläne aufstellen zu müssen? Zuerst einmal sollen Sie Ihrem Kind sicher nicht jede Süßigkeit strikt streichen. So etwas führt nur zu heftigen Gegenreaktionen und ist dann kontraproduktiv.

Sie müssen sich aber bewusst sein, dass eine ausgeglichene Glukoseversorgung des Gehirns am besten gewährleistet wird, wenn Ihr Kind keine zuckerhaltigen Getränke bekommt, kein extrem zuckerhaltiges Frühstück zu sich nimmt und in der Pause keine süßen Riegel isst.

Ausgewogene, vollwertige Ernährung ohne Weißmehl und Fabrikzucker – oder nur mit einem Minimum davon – führt zu einem stabilen Zuckerspiegel im Blut, der langsam steigt oder sinkt und daher nicht zu den extremen Reaktionen unseres Körpers führt, in deren Gefolge es dann zu der Schaukel zwischen Über- und Unterzucker kommt.

Ideal wäre ein Frühstück mit ungesüßtem Früchtetee und Wurst-, Käse- oder Butterbrot (da kann auch Marmelade drauf sein, die ist nicht annähernd so stark gesüßt wie Nutella).

Trinkt das Kind keinen ungesüßten Tee, so ist schwach mit Honig gesüßter Tee einem fertigen Instant-Zitronentee oder süßem Kaba vorzuziehen.

In der Pause ist Graubrot oder Vollkornbrot mit Butter, Wurst oder Käse und etwas Obst oder Rohkost praktisch und nahrhaft. Pausengetränke sollten auf keinen Fall gezuckert sein. Wenn Ihr Kind Mineralwasser oder ungesüßten Tee nicht trinkt, dann ist das nächstbeste natürlicher Fruchtsaft ohne Zuckerzusatz, der mit Wasser verdünnt wurde.

Süßigkeiten sollten strikt erst nach der Hausaufgabe am Nachmittag gegessen werden, eventuell auch abends vor dem Zähneputzen als Betthupferl. Da richten Sie in unserem Gehirnstoffwechsel am wenigsten Schaden an, und das kann man Kindern auch gut erklären.

Die Beschränkung des Süßigkeitenkonsums auf die Zeit nach den Hausaufgaben führt ganz nebenbei auch dazu, dass überhaupt weniger Süßes gegessen wird und dass das suchtartige Verlangen danach, das so viele Kinder als Folge ihres durcheinander geratenen Stoffwechsels haben, allmählich nachlässt.

Bewusste Auseinandersetzung mit Ernährung ist allerdings für Eltern sehr unbequem, und so kommt es manchmal zu Argumenten wie:

Mein Kind mag aber keinen Tee.

Wenn ich meinem Kind kein Nutellabrot mitgebe, isst es gar kein Pausenbrot.

Mein Kind trinkt kein Wasser.

Wenn es keinen Fruchtzwerg isst, bekommt es überhaupt kein Kalzium!

Dazu muss ich etwas sehr Unbequemes und sicher auch Unpopuläres sagen: Ernährungsgewohnheiten entstehen in der Familie. Ein Säugling weiß nichts von Nutella, Fanta, Fruchtzwergen und Ähnlichem. Er muss es erst irgendwo „lernen", und er lernt es nicht aus dem Fernsehen oder bei den Nachbarn, sondern zunächst einmal zu Hause.

Ich erlebe immer wieder, dass es Eltern gelingt, alte Gewohnheiten zu durchbrechen und ihren Kindern Veränderungen im wahrsten Sinn „schmackhaft" zu machen. Aber dazu gehören Einsicht in die Notwendigkeit, Ausdauer und Konsequenz, also all das, was auch unsere Kinder beim Lernen brauchen, um erfolgreich zu sein.

Ohne richtiges Handwerkszeug keine ordentliche Arbeit

Grundschulkinder können ihr Lernen noch nicht vollkommen selbstständig organisieren. Manche Kinder brauchen weniger Hilfe als andere, aber ganz ohne Betreuung schafft es so gut wie kein Kind. Deshalb ist es zu Beginn eines Schuljahres so wichtig, dass Eltern für die richtige Ausrüstung, für das geeignete „Handwerkszeug" ihres Schulkindes sorgen. Bereits in den ersten Schultagen sondert sich im Hinblick auf elterliche Fürsorge die Spreu vom Weizen, und Lehrer sehen sehr schnell, ob Eltern sich um die Ausrüstung ihrer Kinder kümmern oder nicht. Da werden noch im alten Schuljahr Materiallisten ausgeteilt, auf denen alles ganz genau steht. Dennoch haben zu Beginn des neuen Schuljahres niemals alle Kinder einer Klasse ihr Material vollständig. Da sollen zum Beispiel in der ersten Mathematikstunde in der 3. Klasse Arbeitsblätter in den entsprechenden Schnellhefter eingeordnet werden. „Den hab ich nicht dabei!", ruft ausgerechnet Jürgen, der zu den schwächsten Schülern der Klasse gehört. Zufällig holt ihn seine Mutter mittags ab, so dass ihr die Lehrerin gleich Bescheid sagen kann. Die Mutter schimpft ihren Sohn: „Warum hast du denn den Schnellhefter nicht eingepackt? Den hab ich dir doch gekauft!"

In solchen Situationen müssen Lehrer oft an sich halten, um Eltern nicht durch eine zu deutliche Antwort vor den Kopf zu stoßen. Viele Erwachsene meinen, das sei doch alles ganz einfach, was die Kinder da machten und die könnten doch leicht …

„Irrtum, meine Lieben!", kann man aus pädagogischer Sicht nur rufen. „Weil ihr bereits rechnen, lesen und schreiben könnt, meint ihr, das sei alles Kinderkram!"

Für die Kinder bedeutet es ernsthafte Arbeit, Schulkind zu sein. Und beileibe nicht jedes Kind beherrscht diesen Job von Anfang an perfekt. Gerade deshalb müssen Eltern ihrem Kind bei der Organisation seiner Arbeit helfen. Es ist sicher sehr sinnvoll, Selbstständigkeit als Ziel anzustreben. Aber sie muss gelernt werden und ist nicht dadurch da, dass sie einfach verlangt wird. Sich selbst überlassene Kinder sind verwahrlost und nicht etwa selbstständig, das ist ein gewaltiger Unterschied. Jürgens Mutter bürdete ihrem Sohn die Sorge um seine Schulsachen auf, obwohl er als sehr schwacher

Schüler allein mit seiner Aufgabe, ein Schulkind zu sein, schon mehr als ausgelastet war.

Kinder, die ihre Sachen nicht dabei haben oder sie erst lange suchen müssen, versäumen natürlich wertvolle Arbeitszeit in der Schule, können erst später mit ihrer Aufgabe beginnen, werden dann nicht fertig und sind sicher mit ihren Gedanken nicht so bei der Sache wie ein Schulkind, das alles griffbereit hat und sich wirklich auf die Lerninhalte konzentrieren kann.

Es gehört zu den Fürsorgeaufgaben der Eltern, den Kindern beim Einräumen ihrer Schulsachen zu helfen. Wohlgemerkt: zu helfen und nicht stellvertretend für das Kind alles zu erledigen! Irgendwann geht das von alleine und dann ist es auch in Ordnung, wenn Eltern sich zurückziehen. Meiner Erfahrung nach brauchen fast alle Kinder die gesamte Grundschulzeit hindurch diese Hilfe. Gerade diejenigen Schüler, denen in den ersten Jahren durch die Hilfe der Eltern ein ordentlicher und gut organisierter Start in das Schulleben ermöglicht wird, sind in späteren Schuljahren die gewissenhaften, ordentlichen und selbstständigen Schüler.

Wer aber schon in der 2. oder 3. Klasse seine Sachen nicht findet, stets das Falsche in der Schule dabei hat und immer hinter den anderen herhinkt, der kommt auch später nicht auf die Füße.

Neben Mappen, Heften und Büchern braucht ein ordentlicher Schüler auch noch gutes Handwerkszeug im engeren Sinn, nämlich ordentlich gespitzte Stifte, Radiergummi, Lineal und Ersatzpatronen für den Füller. Deshalb muss das Federmäppchen täglich nach der Hausaufgabe kontrolliert werden. Wenn Sie der Meinung sind, Ihr Kind solle das – in der 3. oder 4. Klasse – selbst übernehmen, dann können Sie ihm ja eine Checkliste schreiben, die es beim Herrichten der

Schulsachen für den nächsten Tag durchgehen soll. Sie müssen natürlich immer wieder kontrollieren, ob alles ordnungsgemäß erledigt ist, zunächst täglich, dann jeden zweiten Tag, zum Schluss nur noch einmal in der Woche. Eine mindestens wöchentliche Kontrolle der Schulsachen ist aber meiner Erfahrung nach in der Grundschule unbedingt nötig, damit die eingeführte Ordnung auch wirklich konsequent aufrechterhalten wird.

Checkliste für das Herrichten der Schulsachen

- Ich kontrolliere mit dem Hausaufgabenheft, ob ich alle Hausaufgaben eingesteckt habe.
- Ich kontrolliere mit dem Stundenplan, ob ich für morgen das Richtige habe.
- Sind alle meine Stifte gespitzt?
- Habe ich Buntstifte, Bleistift und Füller dabei?
- Habe ich Lineal, Radiergummi und Spitzer dabei?
- Habe ich alles aus dem Schulpack genommen, was ich morgen nicht brauche?

Der äußere Rahmen des Lernens

Sofia geht in die 3. Klasse. Sie ist sehr verträumt, hat ihre Hausaufgaben meist nur teilweise gemacht und arbeitet sehr langsam. Im Unterrichtsgespräch zeigt sich aber oft, wie klug sie ist. Sie bringt gute Beiträge und verblüfft auch manchmal durch ihr logisches Denkvermögen und dadurch, wie schnell sie Zusammenhänge begreift. Sie könnte also eigentlich eine viel bessere Schülerin sein, als sie es tatsächlich ist. Die Eltern sind sehr aufgeschlossen, wollen auch alles richtig machen, sind aber Sofia gegenüber hilflos. „Sie hat so einen Dickschädel!", jammert die Mutter. „Bei der Hausaufgabe sitzt sie stundenlang. Ich weiß schon gar nicht mehr, was ich tun soll!"

Die Eltern laden die Lehrerin zum Kaffeetrinken ein. Diese kommt gerne, weil sie etwas mehr über Sofias häuslichen Hintergrund zu erfahren hofft. Und richtig: an diesem Nachmittag begreift sie, warum Sofia zu Hause so schwierig ist. Es sind nämlich auch Sofias zwei kleine Schwestern da. Mit ihnen im Zimmer ist kein Gespräch möglich. Ständig hängen sie an der Mutter, verlangen ihre Aufmerksamkeit und lassen es einfach nicht zu, dass diese sich mit etwas anderem beschäftigt. So sei es auch beim Hausaufgabenmachen, gibt die Mutter zu. Sie könne sich überhaupt nicht um Sofia kümmern, und diese hätte auch keine Ruhe zum Lernen, weil die beiden Kleinen immer in der Nähe seien und störten. Die Lehrerin versucht, der Mutter klarzumachen, dass darin wohl eine Hauptursache für Sofias häusliche Unkonzentriertheit und Leistungsverweigerung stecke. Es sei nur jammerschade, denn so bleibe sie immer weiter hinter ihren Klassenkameraden zurück, obwohl sie so ein gescheites Mädchen sei. Die Mutter sieht das Dilemma auch, scheint es aber nicht zu schaffen, die beiden kleinen Geschwister so weit zu bändigen, dass die Große wenigstens für eine Stunde am Nachmittag ihre Ruhe hat. Die Lehrerin, die ohnehin nach dem Unterricht immer noch einige Stunden in der Schule ist, um die Arbeit für ihre Klasse zu erledigen, bietet der Mutter an, Sofia bei den Hausaufgaben zu beaufsichtigen. Dieses Angebot wird gerne angenommen. Auch Sofia wirkt erleichtert, einen Ausweg aus ihrer misslichen Lage zu sehen. Gleich am nächsten Tag wird das Vorhaben in die Tat umgesetzt: Als alle Kinder weg sind, ist es im Klassenzimmer ruhig. Sofia kann ungestört ihre Hausaufgaben machen und hat sogar Gelegenheit, die Lehrerin zu fragen, wenn sie Hilfe braucht. Dass ihre Eltern sie nicht einfach abschieben wollten, um selber ihre Ruhe zu haben, sieht man allein daran, dass an den Hausaufgabentagen entweder Sofias Vater oder ihre Mutter nach Unterrichtsschluss in der Schule vorbeifahren und ihr in einem Wärmebehälter ein Mittagessen bringen. Wenn die Mutter etwas Besonderes hat, bringt sie eine doppelte Portion, und Sofia isst dann im Klassenzimmer mit ihrer Lehrerin zu Mittag.

Durch dieses Arrangement verbessern sich Sofias Leistungen langsam, aber sicher und anhaltend.

Natürlich wird es nicht für jede Sofia eine Lehrerin geben, die sich so sehr einsetzt, aber eines lässt sich aus diesem Beispiel für alle Eltern lernen: Es ist unbedingt notwendig, dass ein Schulkind zu Hause den richtigen äußeren Rahmen hat, um seine Arbeit zu tun. Wenn kleine Geschwister von Anfang an wissen, dass sie bei den Hausaufgaben nicht stören dürfen, dann gelingt es auch, das durchzusetzen. Sicher ist das nicht immer bequem für die Eltern. Wird dem Ziel „Ruhe bei den Hausaufgaben" jedoch die ihm zukommende Priorität eingeräumt, dann gibt es auch einen Weg dorthin. Vieles, was uns nicht der Mühe wert ist, uns dafür anzustrengen, wehren wir einfach mit dem Argument: „Das geht nicht!" ab. Es gibt sehr Weniges, was wirklich nicht geht, wenn wir es entsprechend ernsthaft wollen. In Sofias Fall löste sich das Problem durch die gute Zusammenarbeit von Eltern und Schule. Das getroffene Arrangement wäre jedoch sicher nicht erfolgreich gewesen, wenn Sofia ohne Anteilnahme der Eltern nur einfach länger in der Schule geblieben wäre. So aber bekam sie – in Form eines eigens für sie zubereiteten und zur

Schule gebrachten Mittagessens – auch eine eigene Portion Fürsorge, die sie nicht mit ihren Geschwistern teilen musste. Das und die vermehrte Anteilnahme der Eltern an ihrem schulischen Fortkommen – ergab sich doch beim Abholen immer noch ein Gespräch mit der Lehrerin, in dem auf Fortschritte hingewiesen oder noch zu Übendes erklärt wurde – war mindestens ebenso wichtig wie die ungestörte Hausaufgabenzeit. Ein vernachlässigtes Kind wie Jana (s. oben) hätte von einem ähnlichen Arrangement bestimmt nicht annähernd so sehr profitiert. Bei ihr hätte sich der Mittagsproviant wahrscheinlich auf eine weitere Banane und einen zweiten süßen Riegel beschränkt, und die Mutter hätte sie – wie es ja auch nach dem regulären Unterricht häufig geschah – einfach auf das Abholen warten lassen.

Es ist also sicher nicht damit getan, von der Schule „mehr Service" zu erwarten. Ohne entsprechende Mitwirkung der Eltern ist die Schule bei allen Fördervorhaben machtlos.

Außerdem bedarf es eines besonderen Vertrauensverhältnisses und einer intakten emotionalen Beziehung zwischen Elternhaus und Schule, damit Lehrer sich so weit auf die Förderung eines Kindes einlassen. Denn eines sei deutlich ausgesprochen: Hier wird weit mehr getan als in der Dienstordnung vorgesehen ist. Und Lehrer, die sich bei geringsten Kleinigkeiten mit elterlicher Kritik und Unzufriedenheit auseinander setzen müssen, werden sicher wenig motiviert zu solch überdurchschnittlichem Engagement sein. Zu diesem Thema werde ich mich weiter unten noch ausführlich äußern.

Hier sei festgehalten:
Der äußere Rahmen für das Lernen muss so gestaltet werden, dass ein Schulkind gute Arbeitsbedingungen vorfindet und sich wirklich auf seine Arbeit konzentrieren kann.

Ein Schulkind braucht zum Lernen

- einen festen Zeitraum am Nachmittag, in dem es vor Störungen sicher ist. Weder kleine Geschwister noch Freunde, die anrufen oder klingeln, werden vorgelassen. Die nachmittägliche Arbeitszeit ist eine feste Einrichtung, an der nicht gerüttelt wird.
- einen Arbeitsplatz, der einerseits gemütlich, andererseits aber nicht ablenkend ist. Gameboys, Comics und Spielsachen haben dort nichts verloren. Der Platz muss hell oder gut beleuchtet ein.
- die Ausrüstung, die ordentliches Arbeiten erleichtert: ordentliche Stifte, Reservepatronen, Spitzer, Lineal, Schere, Kleber, Reservehefte, falls bei der Hausaufgabe gerade eines voll wird, einen Notizblock.
- einen gleich bleibenden Plan für die Arbeit, der den Ablauf erleichtert. So kann zum Beispiel täglich mit dem begonnen werden, was besonders leicht fällt, um sich „warm" zu arbeiten. Es ist für manche Kinder aber auch das Richtige, zuerst das Lästige zu erledigen, um es weg zu haben. Wichtig ist die Systematik beim Arbeiten, denn dadurch fällt das Anfangen leichter, und alles geht flotter. (Dazu finden Sie auch noch weiter unten genaue Hinweise, s. S. 112 ff.)
- eine Person, die es betreut, mit der es besprechen kann, was auf ist, die hinterher die Aufgaben anschaut, ob alles vollständig und ordentlich ist.

Erfolgsmerkmal Nummer zwei:

Schüler, deren Eltern Interesse an ihrer Arbeit zeigen, haben bessere Chancen

Erstklässler, die vom Kindergartenkind zum Schulkind avanciert sind, haben noch Freude an ihrer neuen Rolle. Es ist für sie etwas Besonderes, täglich zur Schule zu gehen. Stolz wollen sie ihre ersten Arbeiten zu Hause präsentieren. Die Art und Weise, wie sie damit bei den Eltern ankommen, ist prägend für Selbstbewusstsein, Selbstwertgefühl und langfristige Leistungsmotivation. Wir alle finden es interessanter, bedeutende Aufgaben zu erledigen, die auch von unseren Mitmenschen als solche anerkannt und gewürdigt werden. Wer seine eigene Arbeit unwichtig und bedeutungslos findet, wird sie weniger gerne, mit weniger Einsatz und – das ist das Entscheidende! – damit natürlich auch weniger gut erledigen. Wenn nur lahmes, oberflächliches Interesse von Seiten der Eltern den anfänglichen Eifer des Schulkindes belohnt, wird dieser wahrscheinlich bald nachlassen. Die erste Begeisterung wird der Tristesse täglicher Pflichterfüllung weichen. Manche Kinder erledigen dann brav und lustlos das, was von ihnen verlangt wird – das sind noch die Glücksfälle für Eltern. Andere schrauben ihre Bemühungen auf ein Mindestniveau herab und tun immer nur gerade so viel, dass es irgendwie noch reicht. Erfolge sind auf diese Weise nicht zu erzielen. Manche Kinder fangen aber auch an, ihr eigenes Lernen zu sabotieren, ihre Eltern mit allen möglichen Spielarten von Leistungsverweigerung zur Weißglut zu treiben und so sich selber massiv zu schaden.

Eltern, die an der Arbeit ihrer Kinder Anteil nehmen – ein starker Motor für die Motivation

„Ich würde mich schon für die Schule interessieren, aber mein Kind erzählt mir ja nichts", so hören wir Lehrer immer wieder Eltern klagen. Fragen wir dann nach, wie sich dieses „Nicht-Erzählen" denn äußere, so scheint das meist so auszusehen, dass Eltern mittags fragen „Wie war's in der Schule?" und das Kind darauf einsilbig antwortet: „Gut".

Nun ist eine derartige Pauschalerkundigung allerdings weniger ein Zeichen echten Interesses als vielmehr eine höfliche und nichts sagende Gesprächsfloskel, die eigentlich auch gar keine richtige Antwort verlangt. Es erwartet ja auch niemand auf die Frage: „Wie geht es dir?" eine ehrliche und umfassende Auskunft.

Vor vielen Jahren, als ich gerade mit dem Schuldienst begonnen hatte und einmal pro Woche das Seminar für die Lehrerausbildung besuchen musste, hatte ich einen Kollegen, mit dem ich eine Fahrgemeinschaft bildete, da wir im gleichen Ort wohnten und wir 30 Kilometer fahren mussten. Jeden Donnerstagmorgen, wenn er mich abholte, spielte sich das gleiche Ritual ab. Er sagte: „Wie geht es dir?", wartete gerade noch mein lapidares „Gut" ab und begann dann, ohne Punkt und Komma von seinen Unterrichtserfolgen und den von ihm gehaltenen Unterrichtsstunden zu erzählen. Das ging so, bis wir am Seminarort ankamen. Obwohl ich alles andere als wortkarg bin, gelang es mir bei diesen Autofahrten selten, mehr als einige kurze Sätze zum Gespräch beizusteuern. Das war für mich damals eher erheiternd als frustrierend. Kinder jedoch spüren nicht nur genau, ob wirkliches Interesse an ihrer Arbeit vorhanden ist, sie brauchen dieses Interesse auch, um ihre Arbeit als etwas von Bedeutung zu empfinden.

Wenn Sie sich erklären lassen, welche Hausaufgabe gegeben wurde und bei der einen oder anderen Aufgabenstellung auch nachfragen, wie das genau gemeint ist oder was die Lehrerin hierzu erklärt hat, wird Ihr Kind sicher nicht das Gefühl haben, indiskret ausgefragt zu werden, sondern sich eher ernst genommen fühlen und gerne über seine Arbeit Auskunft geben.

Beeindruckt hat mich mit ihrer Anteilnahme vor einigen Jahren die Mama von Lorenz. Als zu Beginn der 4. Klasse in Sachkunde das Thema Wald durchgenommen wurde, fertigte sie große Schautafeln aus Pappe an, auf denen sie Zweige, Früchte und Rinde verschiedener Bäume befestigt und ordentlich beschriftet hatte. Mit diesen Tafeln rückte sie eines Morgens in der Schule an. Da die Zusammenarbeit zwischen Lehrerin und Eltern in dieser Klasse sehr eng und fruchtbar war, konnte sie auch sicher sein, dass ihr Beitrag sehr gerne angenommen wurde.

Auch Annas Mama aus meiner 3. Klasse interessiert sich für das, was ihre Tochter lernt. Wir nehmen jetzt im Herbst gerade die verschiedenen Sträucher durch, und ich habe vor, die Hagebutten, die rings um unser Schulhaus reichlich wachsen, irgendwie zu verwerten. Ich denke an Hagebuttentee, habe diesen aber noch nie gemacht und bin mir nicht sicher, wie die Beeren zu verarbeiten sind. Vor einigen Tagen nun brachte Annas Mutter mir ein Rezept für Hagebuttentee vorbei. Wir werden die Beeren demnächst verarbeiten und dabei nach diesem Rezept vorgehen. Dass Anna sich darüber freuen wird, ist klar. In meiner letzten 1. Klasse sammelten wir im Mai Löwenzahn und ich zeigte den Kindern, dass die Stiele, wenn man sie einschneidet und in Wasser legt, sich zu Locken aufringeln und man daraus Männchen basteln kann. Ich zeigte ihnen auch noch, wie man aus den Stielen Kettenringe biegen und zu langen Löwenzahnketten zusammenhängen kann. Am nächsten Tag brachte Andi eine schier endlos lange Löwenzahnkette mit, die er mit seiner Mama am Nachmittag gemacht hatte.

Dass Andi, Anna und Lorenz gut geförderte Kinder sind, die schulisch ihren Weg machen, ist kein Wunder. Sie haben Eltern, die sich für das interessieren, was ihre Kinder lernen und daran auch aktiv Anteil nehmen. Natürlich gibt es nicht jeden Tag Gelegenheit zu solchen Aktionen. Elterliches Interesse muss sich auch nicht immer auf so deutliche Weise nach außen darstellen, das sind sicher Ausnahmegelegenheiten. Wer aber das Lernen seines Kindes bewusst und interessiert begleitet, wird immer wieder Gelegenheit haben, dieses Interesse auch zu zeigen.

Ich jedenfalls erlebe es nicht selten, dass Kinder etwas in die Schule mitbringen, das Eltern zu unseren Themen beisteuern, sei es ein Rechenrätsel oder eine besondere Kniffelaufgabe, ein schönes Buch oder einen Zeitungsartikel.

Kontakt zu Schule und Lehrkraft – mehr als ein lästiges Muss

Schule ist eine eigene Welt. Das fängt schon mit dem besonderen Geruch an, den Schulhäuser meist haben, anders als Krankenhäuser oder Behörden, eben irgendwie besonders. Ich fühle mich dort zu Hause. Mein Mann jedoch, wenn er ganz gelegentlich zu mir in die Schule kommt, fühlt sich dort eher fremd. Eltern, die nach langen Jahren der „Abstinenz" bei der Einschulung ihres ältesten Kindes erstmals wieder eine Schule betreten, fühlen sich dort oft gar nicht wohl. Dabei könnten sie auf Anhieb sicher gar nicht so genau beschreiben, woran das denn liegt. Für uns Lehrer ist es aber wichtig, diese unterschwelligen Empfindungen der Eltern ernst zu nehmen. Es ist für uns, die wir mit psychologischen Mechanismen vertraut sind, auch gar nicht so kompliziert zu verstehen, wie manche Vorbehalte der Schule gegenüber zustande kommen. Wir müssen uns nur vor Augen halten, in welcher Rolle jeder Erwachsene irgendwann einmal, in seiner Kindheit, die Schule besuchte: Es war die Rolle des abhängigen, den übermächtigen Erwachsenen relativ hilflos ausgelieferten Kindes. Und nun ist man selber zwar „groß", liefert aber sein Kind in dieser ungeliebten Institution „Schule" ab, wobei sicher manches wieder aktiviert wird, was einen früher bewegte. Schule ist allerdings heute anders als zu der Zeit, in der die Eltern unserer Schüler „klein" waren. An vielen Schulen wird ein offener, partnerschaftlicher Stil gepflegt, der die Eltern als Partner, Helfer und „Mitstreiter" mit einbezieht. Dazu gehört auch, dass alles, was wir tun, viel transparenter als früher ist, darauf ausgerichtet, dass Eltern auch wirklich nachvollziehen können, was wir machen und warum. Die ablehnende oder emotional zurückhaltende, von eigenen Erfahrungen belastete Haltung mancher Eltern ist deshalb heute nicht mehr angebracht. Hier müssen Sie Ihre Einstellung zur Schule kritisch reflektieren. Falls auch Sie zu den Erwachsenen gehören, die alles, was mit Schule zu tun hat, eher negativ oder zumindest mit großer Reserviertheit betrachten, sollten Sie überlegen, ob aktuelle Erfahrungen diese Einstellung wirklich rechtfertigen. Falls nicht – und das ist der wahrscheinlichere Fall – werfen Sie sie kurzerhand über Bord. Jegliche „Mentalreservation" – wie die Juristen sagen – ist hier nur kontraproduktiv, denn sie hindert Sie daran, das zu tun, was im Interesse Ihres Kindes unbedingt sein muss: einen positiven, entspannten und emotional erfreulichen Kontakt zu Schule und Lehrkraft aufzubauen. Ist es Ihnen erst einmal gelungen, „wertneutral“ oder vielleicht sogar mit positiver Einstellung in die Schule zu gehen und das Gespräch mit der Lehrkraft zu suchen, werden Sie merken, wie vorteilhaft das ist: Sie werden manches besser verstehen und deshalb Ihrem Kind gegenüber besser vertreten können. Im persönlichen Gespräch können auch kleine Missverständnisse bereinigt werden, die es sehr leicht geben kann, wenn Eltern zu leichtgläubig alles für bare Münze nehmen, was ihr Sprössling zu Hause erzählt.

So gab es in einer 4. Klasse neulich große Aufregung, weil die Werklehrerin es sich nicht gefallen ließ, dass ihr Unterricht durch Undiszipliniertheit, Rüpelhaftigkeit und Ungehorsam geradezu sabotiert wurde. Da sie auf breiter Front auf Schwierigkeiten stieß und gar nicht genau sagen konnte, wer denn nun bei dieser Revolte federführend war, kopierte sie den Entwurf einer Werkraumordnung, den sie als Gesprächsgrundlage für eine Hauptschulklasse vorgesehen hatte und gab der aufsässigen Handarbeitsgruppe auf, diesen Text bis zum nächsten Mal abzuschreiben.

Das gab nun bei einigen Eltern einen Sturm der Entrüstung. Es kamen einige Briefe, in denen der Lehrerin „sprachliche Ungefälligkeit dieses Textes“ vorgeworfen wurde. Tippfehler in der Vorlage – insgesamt drei! – waren von einem übereifrigen Vater groß angekreuzt worden. Ein anderer schrieb, seine Tochter habe auf seine Anweisung nur einen Teil des Textes abgeschrieben, denn dieser sei ja schließlich fehlerhaft. Diese Eltern haben in ihrer Unbedachtheit und auch in ihrer negativen Voreingenommenheit der Schule gegenüber ihren Kindern einen sehr schlechten Dienst erwiesen. Hätten sie statt dieser unfreundlichen und zutiefst verständnislosen Reaktion das offene Gespräch mit der Lehrerin gesucht, hätte sie ihnen genau begründen können, wie es zu dieser – sicher nicht optimalen – Disziplinierungsmaßnahme gekommen war: Sie hatte am Montagmorgen in dieser Klasse Unterricht, war von dem unverschämten Verhalten der Schüler regelrecht „überrollt“, wollte sofort darauf reagieren, musste aber um 9.30 Uhr die Klasse verlassen, weil sie eine andere Handarbeitsgruppe übernehmen musste, hatte also nicht den Zeitrahmen wie ein Klassenlehrer, der im Anschluss an Derartiges eben die nächste Schulstunde ausfallen lässt und dafür den Vorfall bespricht. Ihre nächste Handarbeitsstunde in dieser Klasse sollte erst wieder in einer Woche stattfinden. Nun ist es aber ein bewährtes und unbestrittenes pädagogisches Prinzip, dass auf Fehlverhalten zeitnah reagiert werden muss, damit klar ist, dass es nicht einfach hingenommen wird. In ihrer Zwangslage fiel ihr der Textentwurf ein, den sie für eine andere Klasse vorbereitet hatte, und sie gab ihn den Schülern zum Abschreiben.

Hätten die Eltern sich bemüht, die pädagogische Absicht dieser Maßnahme zu verstehen, so hätten sie der Lehrerin den Rücken gestärkt und ihren Kindern erklärt, es gehöre nun einmal zur Pflicht der Schüler, dem Unterricht zu folgen und ihn nicht zu stören oder gar zu verhindern. Die Schüler hätten von der Erfahrung, dass destruktives Verhalten auch Konsequenzen hat, profitiert.

„Und die Kinder, die nicht zu der chaotischen Unterrichtssituation beigetragen haben, was ist mit ihnen?“, wird manch ein Gerechtigkeitsfanatiker jetzt vielleicht fragen. „Ihnen kann doch nicht einfach eine Strafe verordnet werden, nur weil sie dabei waren?“

Eine Schulklasse ist eine Gruppe besonderer Art. Jeder, der ihr angehört, ist in sämtliche Prozesse involviert, die diese Gruppe betreffen, ob er das will oder nicht. Sollten einige Kinder wirklich so resistent gegenüber der in der fraglichen Handarbeitsstunde aufgetretenen Destruktion gewesen sein, dass sie sich zurückhielten, so haben sie unter der Situation sicher gelitten. Eine deutliche disziplinäre Reaktion der Lehrerin aber verringert die Gefahr, dass eine derart massive Verweigerungshaltung noch einmal auftritt. Da in dem entstandenen Tumult die aktiven Störenfriede und Rädelsführer nicht mehr zu ermitteln waren, gab es nur die Möglichkeit: alle oder keiner.

Wenn trotz des massiven Ungehorsams nichts passiert, hat das für die Gruppe viel schlimmere Folgen, als wenn es Konsequenzen gibt. Deshalb hat gerade ein Kind, das unter derartigen Situationen leidet, selbst einen großen Nutzen aus einem energischen Durchgreifen. Dagegen wiegt die kleine Unbequemlichkeit der Zusatzarbeit gering.

Was haben diejenigen Eltern nun bewirkt, die sich ganz vordergründig mit Ihrer Kritik nur auf das Wie der Maßnahme stürzten und sich mindestens genauso destruktiv wie ihre Kinder verhielten?

Sie haben dazu beigetragen, die Bedingungen schulischen Lernens zu verschlechtern und haben damit auch die Erfolgschancen ihres eigenen Kindes verringert.

Erfolgsmerkmal Nummer drei:

Schüler, deren Eltern mit der Schule zusammenarbeiten, haben bessere Chancen

Es ist der Kontakt zur Lehrkraft, der manchmal hilft, negative Reaktionen der Schule gegenüber zu vermeiden. Dieser Kontakt ist allerdings nur dann von Nutzen, wenn die grundsätzliche Einstellung „stimmt".

Der Wille zum Missverständnis macht alles zwecklos

Vor einigen Tagen rief mich eine Freundin an, die ebenfalls Lehrerin ist, weil sie mit Eltern ihrer 3. Klasse Probleme hat. Die Situation ist fast lächerlich: Meine Freundin ist, genau wie ich, ein „Mathe-Freak" und verwendet deshalb sehr viel Zeit und Mühe darauf, ihren Schülern Einsicht in mathematische Zusammenhänge zu eröffnen und sie mit Aufgabenstellungen zu konfrontieren, die das Denken fördern und nicht bloß mechanisches Rechnen verlangen. Wie wichtig das ist, gerade an unseren deutschen Schulen, weiß seit TIMSS und PISA eigentlich jeder. Als meine Freundin nun, wie es zu Beginn der 3. Klasse verlangt wird, den Hunderter wiederholte, ließ sie die Schüler sehr anspruchsvolle Orientierungsübungen am Hunderterfeld vollziehen: Es sollte ein Rechenoperator gefunden werden, mit dem man von einem Zahlenfeld auf ein anderes gelangen konnte. So war z. B. der Operator +32 eine Umschreibung für folgende Wegstrecke, die hier ausgehend von der Zahl 15 markiert ist:

3 Felder nach unten und zwei Felder nach rechts.

1	2	3	4	5	6	7	8	9	10
11	12	13	14	**15**	16	17	18	19	20
21	22	23	24	**25**	26	27	28	29	30
31	32	33	34	**35**	36	37	38	39	40
41	42	43	44	**45**	**46**	**47**	48	49	50
51	52	53	54	55	56	57	58	59	60
61	62	63	64	65	66	67	68	69	70
71	72	73	74	75	76	77	78	79	80
81	82	83	84	85	86	87	88	89	90
91	92	93	94	95	96	97	98	99	100

Die Kinder sollten als Hausaufgabe zu verschiedenen Wegbeschreibungen die passenden Operatoren finden. Diese Hausaufgabe wurde von einigen Müttern nicht verstanden und löste heftige Protestreaktionen aus. Eine Mutter fühlte sich sogar aufgerufen, meiner Freundin einen langen Brief zu schreiben, in dem sie auf ihre gute Berufsausbildung verwies und meinte, trotz dieser könne sie die Hausaufgabe nicht verstehen, und so gehe das ja wohl nicht.

Eine zweite Mutter schrieb ebenfalls, wenn auch kürzer, ihr Sohn habe immer Spaß am Rechnen gehabt, und der sei durch diese Hausaufgabe verschwunden.

Meine Freundin sprach in der Rechenstunde des gleichen Tages das Problem sofort an und fragte die Kinder, wie es ihnen denn bei der Hausaufgabe ergangen sei. Da sagte der eine Junge – der mit dem durch die Hausaufgabe angeblich verschwundenen Spaß an Mathe – er habe die Hausaufgabe schon verstanden, aber seine Mutter nicht. Und der Sohn der fleißigen Briefeschreiberin mit der guten Berufsausbildung meinte: Ja, er habe zu Hause das gleiche Problem gehabt. Seine Mutter habe einfach nicht verstanden, was er da mache. Da fragte meine Freundin die Kinder, ob sie denn ihren Müttern nicht erklärt hätten, was sie tun müssten. Da meldete sich ein dritter Junge und sagte, das habe er ja dauernd versucht. Aber seine Mutter habe gar keine Zeit dafür gehabt, weil sie den ganzen Nachmittag mit den anderen beiden Müttern von „denen da" – er deutete auf die Söhne der Briefschreiberinnen – telefoniert habe wegen dieser Hausaufgabe.

Ich riet meiner Freundin, am nächsten Elternabend grundsätzlich den Stil der Kommunikation und des Umgangs miteinander anzusprechen. Was hier vorging, war klar, und die Kinder plauderten es auch ganz ungeniert aus: Es lief massives Mobbing gegen die Lehrerin. Einige Mütter hatten den starken Willen zum Missverständnis. Dass Hausaufgaben nicht für die Mütter, sondern für die Kinder gegeben werden, übersahen sie dabei völlig.

Hausaufgaben werden im Regelfall in der Schule besprochen, und die Kinder haben die Möglichkeit zu fragen. Kann ein Kind seine Aufgaben trotzdem nicht, so gibt es zwei Möglichkeiten: Entweder es hat die Erklärung in der Schule nicht verstanden und trotzdem nicht nachgefragt, oder es hat nicht aufgepasst. In beiden Fällen ist es nur im Interesse des Kindes, wenn die Lehrerin davon erfährt. Kommt das Kind – obwohl es seine Aufgaben alleine nicht konnte – am nächsten Tag mit einer korrekten Hausaufgabe in die Schule, so wird etwas vorgetäuscht, was so nicht ist. In diesem Fall kann die Lehrkraft dann auch keine unterstützenden Maßnahmen einleiten, weiß sie doch gar nicht um die Defizite des Kindes. Deshalb sollten Eltern ihr Kind ruhig ohne Hausaufgaben in die Schule schicken, mit einer Nachricht für die Lehrerin, damit sie Bescheid weiß. Dass ein Kind aber seine Hausaufgaben kann und die Mutter sich darüber aufregt, dass sie selbst nicht versteht, worum es geht, das ist eher sonderbar. Lehrer, denen so etwas öfter passiert, werden auf Dauer durch derartige Elternreaktionen demotiviert und neigen dann vielleicht dazu, einen weniger engagierten Unterricht auf einem niedrigeren Niveau zu halten, der dann auch wirklich von allen Eltern nachvollzogen werden kann, auch wenn sie nicht im Unterricht dabei waren. Deshalb ist es so wichtig, dass die positiv eingestellten Eltern, die ja immer in der Mehrzahl sind, sich äußern.

Auch die Elternschaft einer Klasse bildet eine Gruppe, aus der der Einzelne sich nicht so ohne weiteres ausklammern kann. Alles, was an negativer Stimmung in dieser Gruppe produziert und verbreitet wird, betrifft auch das Kind konstruktiver und positiver Eltern. Geben Sie deshalb der Lehrkraft Ihres Kindes positive Rückmeldungen, wenn Ihnen etwas gut gefällt. Lehrer brauchen sehr viel Freude an ihrem Beruf, um täglich aufs Neue den Kampf gegen die kindlichen Defizite aufzunehmen und unverdrossen nach einer Lösung für Probleme aller Art zu suchen.

Eltern, deren Verhalten der Schule gegenüber vom Willen zum Missverständnis getragen wird, sind schädlich für die Klassengemeinschaft. Das müssen Sie sich vor Augen halten, damit Sie die Notwendigkeit erkennen, gegen derartige negative Strömungen gegebenenfalls entschieden Stellung zu beziehen und der Lehrerin Ihres Kindes den Rücken zu stärken.

In meiner Zeit als Hauptschullehrerin wechselte ich von einer großen Hauptschule auf dem Land an die Schule in der Kreisstadt Traunstein. Wie staunte ich, als am ersten Elternabend von 27 Schülern meiner 7. Klasse gerade einmal fünf Eltern anwesend waren. Derartiges war ich nicht gewohnt. An meiner alten Schule waren so gut wie alle Eltern zu den Elternabenden gekommen.

Eigentlich hatte ich vorgehabt, über die Chancen und Möglichkeiten der 7. Klasse, über Berufsaussichten und Querverbindungen zu anderen Schularten zu reden. Ich wollte den Eltern auch vermitteln, dass für so manchen Schüler gerade nach der Pubertät noch einmal eine positive, kritische Phase entsteht, in der es möglich ist, schlummernde Fähigkeiten zu aktivieren, weil die Jugendlichen nun auf dem Weg über Einsicht und Eigenverantwortung eine andere, innengesteuerte Art von Motivation entwickeln können.

Ich hatte auch beabsichtigt, Unterrichtsmodelle vorzustellen, die ich gerade im Hinblick auf diese Chance zu mehr Motivation und Eigenverantwortung einsetzen wollte.

Den fünf Eltern erzählte ich das alles, und sie hörten sich das interessiert und willig an.

Dann setzte ich meine Unterrichtsvorhaben in die Tat um: Die Schüler bekamen die Möglichkeit, sich selbstständig auf Unterrichtsthemen vorzubereiten und darüber vor der Klasse zu referieren. Um Disziplin- und Konzentrationsprobleme zu verringern, führte ich die „Entspannungsecke“ ein.[6] Ich ließ nach dem Modell von Carl Rogers[7] die Schüler Arbeitsverträge mit sich selbst abschließen und übergab ihnen so mehr Eigenverantwortung für ihr Lernen. Nach einiger Zeit trat das ein, worauf ich schon gewartet hatte: Mir wurde zugetragen, einige Eltern seien sehr ungehalten darüber, dass die Kinder nicht mehr „ordentlich" lernten. Ich schrieb einen Elternbrief und lud noch einmal, unter Bezugnahme darauf, dass im Unterricht wahrscheinlich einiges neu und damit erklärungsbedürftig sei, zu einem Elternabend ein, der nun auch wesentlich besser besucht war. Als die Eltern verstanden, was wir in der Klasse machten und warum, fanden sie das gar nicht so übel.

Dieses Beispiel ist typisch für das, was Lehrer täglich erleben: Jeder glaubt, er sei ein Fachmann für Schule, weil jeder ja selbst irgendwann einmal zur Schule gegangen ist. Dass hinter professionellem Unterricht hohe Kompetenz steckt und deshalb von einem Außenstehenden nicht auf Anhieb verstanden werden kann, welche Absichten pädagogisches Handeln verfolgt, ist nur den wenigsten Eltern unserer Schüler bewusst.

Es ist für Eltern einfach, sich zu informieren: Je engagierter eine Lehrkraft ist, desto mehr wird sie auch den Kontakt zur Elternschaft pflegen, Elternabende und Gespräche anbieten. Wer mitreden will, muss sich vorher sachkundig machen. Pädagogik, die auf dem Niveau von Stammtischpolitik diskutiert wird, ist nicht geeignet, die schulischen Erfolgsaussichten unserer Kinder zu fördern.

Die bairische Sprache hat eine wunderbare Redensart. Wenn das so einfach wäre, sagen wir Bayern, dann „wär' ja der G'lernte ein Depp!" Das soll heißen, man wäre „schön blöd", etwas gründlich zu lernen, was jeder, sozusagen Krethi und Plethi, auch ohne Ausbildung kann.

Sie können versichert sein, dass wir Pädagogen echte „G'lernte" sind, die auch den begabtesten Eltern noch Wichtiges zu sagen haben, und deshalb sollten Sie sich, wenn Sie irgendeine pädagogische Absicht nicht auf Anhieb durchschauen oder sonstige Probleme mit Lernen und Schule haben, erst einmal an der Quelle informieren. Wenn Sie sich danach eine Meinung bilden, und sei sie auch negativ, dann erfolgt das vor einem anderen Hintergrund und nicht nur auf gut Glück und „aus dem Bauch heraus".

Darum ist es auch so wichtig, dass Eltern zu allen Elternabenden gehen und nicht glauben, jetzt würden sie die Lehrerin ja schon kennen und da gäbe es ohnehin nicht Neues mehr zu erfahren. Vielleicht war es in früheren Zeiten so, dass alles immer nach dem gleichen Muster ablief und der Kontakt zur Schule nicht so wichtig war. Sie dürfen aber nicht vergessen, dass früher sich das ganze Leben in genau vorgegebenen Bahnen und nach gängigen Handlungsmustern abspielte. Da war der Freiraum für den Einzelnen wesentlich geringer: Das Autoritätsgefüge in der Schule wurde nicht in Frage gestellt. Der Lehrer hatte Recht, und wenn Schwierigkeiten auftraten, dann hatte der Schüler sich eben falsch verhalten. Eltern stärkten der Schule den Rücken. Sie mussten sich dazu nicht vorher informieren, ob denn die Absichten der Schule schon zu billigen seien Das wurde einfach angenommen. Heute ist das grundlegend anders. Jede Erziehungsmaßnahme wird hinterfragt, der Unterricht wird kritisch begutachtet, es werden Vergleiche zwischen den einzelnen Schulen angestellt, wo es „leichter" und wo es „schwerer" ist.

Sicher ist es gut, nicht alles einfach hinzunehmen. Dass Eltern wissen wollen, warum Methodik und Didaktik sich seit der eigenen Schulzeit so grundlegend gewandelt haben, ist nicht nur legitim, es ist sogar höchst wünschenswert. Dass sie sich die entsprechenden Informationen an der Quelle, also bei der Lehrkraft ihres Kindes, holen, sollte eigentlich selbstverständlich sein. Sind Eltern nicht informiert, sollten sie mit

Meinungsäußerungen zum Thema Schule sehr zurückhaltend sein.

Es ist nämlich geradezu verhängnisvoll für Kinder, wenn auf Grund unreflektierter Äußerungen der Eindruck entsteht, die Anforderungen der Schule seien nicht verbindlich, sondern könnten beliebig abgewandelt werden und seien deshalb nicht gar so ernst zu nehmen. Diese Botschaft, selbst wenn sie gar nicht explizit ausgesprochen wird, sondern nur in den Äußerungen der Eltern gleichsam als „Hintergrundmusik" mitschwingt, wird von Kindern aufgefangen und dann natürlich auf eine Weise interpretiert, die den eigenen Wünschen entspricht. So machen manche Eltern aus mangelnder pädagogischer Sachkenntnis etwas, das sie bestimmt nie beabsichtigt haben: Sie kritisieren Schule und Lehrer ganz ungeniert, stellen ihrem Sprössling damit gleichsam einen Freibrief für Faulheit, Drückebergerei und undiszipliniertes Verhalten aus und wundern sich dann sehr, wenn der Schuss nach hinten losgeht und sie plötzlich ein Kind haben, das schulische Erfolge nur in sehr bescheidenem Maß oder gar nicht aufzuweisen hat. Wer informiert ist, läuft weit weniger Gefahr, aus mangelnder Sachkenntnis den Ast, auf dem das Kind sitzt, abzusägen. Weil gute Schule lebt und sich lebendig weiterentwickelt, braucht sie Lehrer, die engagiert immer wieder Neues ausprobieren, um den sich rasant verändernden Lernbedingungen an unseren Schulen gerecht zu werden. Mehr denn je brauchen Lehrer heute die Unterstützung der Eltern, um effektiv arbeiten zu können. Sie brauchen Ermutigung, Rückendeckung und Hilfe. Lehrer, die immer das Gefühl haben, gegen den Strom zu schwimmen, werden irgendwann aufgeben und nur noch „Dienst nach Vorschrift" machen.

Das jedoch ist das Schlimmste, was Ihrem Kind in der Schule passieren kann.

Deshalb: Besuchen Sie alle Elternabende, dann kennen Sie die Richtlinien, Intentionen und Prinzipien des Unterrichts. Dann sind Sie auch imstande, sich eine fundierte und begründete Meinung zu bilden, die Sie Ihrem Kind gegenüber äußern und vertreten können. Und schließlich sind Sie dadurch in der Lage, den Standpunkt der Schule anderen Eltern gegenüber deutlich zu machen. Kurz: Sie sind informiert und können mitreden!

Erfolgsmerkmal Nummer vier:

Schüler, deren Eltern selbst etwas für die Schule beitragen, haben bessere Chancen

Vor einigen Jahren besichtigte ich mit einer Gruppe von Schulleitern eine Montessorischule. Die Rektorin führte uns herum und erzählte einiges über den Alltag an ihrer Schule. Wenn man da hörte, wie sehr die Eltern in schulische Aktivitäten eingebunden waren und wie viel an Mitarbeit von Seiten der Eltern einfach vorausgesetzt wurde, dann konnte man als „arme, einfache Regelschullehrerin" schon ins Träumen geraten.

Da wurden zum Beispiel pro Schuljahr und Schulkind von jeder Familie 20 Stunden Arbeitseinsatz verlangt. Allein das zeigt, nach welch anderen Kriterien an freien Schulen gearbeitet werden kann. Es ist kein Kunststück, hochwirksame Pädagogik zu machen mit Eltern im Rücken, die das Konzept der Schule befürworten und sich für dieses Konzept auch noch in die Pflicht nehmen lassen. Die pädagogischen Brötchen, die an der Regelschule gebacken werden, sind dagegen weit kleiner und bescheidener. Gerade deshalb haben engagierte und einsatzbereite Eltern dort eine herausragende Bedeutung.

Das ist ja alles recht und schön, werden Sie sich vielleicht jetzt denken, aber ich will ja erfahren, wie ich die Erfolgschancen meines Kindes verbessern kann und nicht, wie ich die Arbeit der Schule erleichtere.

Jeder Mensch leistet dann mehr, wenn er seine Beschäftigung als sinnvoll, wichtig und bedeutsam erlebt, wenn er sich mit ihr identifizieren kann. Corporate identity ist eines der neudeutschen Schlagworte von Motivationstrainern und Leistungssteigerern. Auf die Schule übertragen heißt das: Wenn es gelingt, Schüler die Zugehörigkeit zu ihrer Schule als Wert erleben zu lassen, in ihnen ein „Wir-Gefühl" zu wecken, dann steigert das auch ihre Leistungsbereitschaft und damit die Chance auf Schulerfolg. Eltern können zu diesem Wir-Gefühl wesentlich beitragen, wenn sie bereit sind, Schule nicht nur zu konsumieren, sondern auch aktiv mitzugestalten. Wie so vieles, was schulische Arbeit positiv oder negativ beeinflussen kann, ist auch der Mechanismus, der hier greift, den wenigsten Eltern bewusst. Selbst konstruktive und hilfsbereite Eltern sehen eigene Arbeitseinsätze eher als Gefallen, den sie der Lehrkraft oder der Schule erweisen, denn als Beitrag zum Lernen ihres Kindes. In Wirklichkeit aber bietet die Schule, die Eltern die Möglichkeit zur pädagogischen Mitarbeit gibt, einen zusätzlichen Service, der es ihnen erleichtert, auf die schulische Laufbahn Ihres Kindes Einfluss zu nehmen.

Vor einigen Jahren führten wir an der Schule ein dreiwöchiges Gesundheitsprojekt durch, in dessen Verlauf es dreimal ein gesundes Pausenbüfett in der Schule gab. Jede Woche organisierte eine andere Gruppe von Müttern dieses Büfett. Es bedeutete den Kindern der aktiven Mütter sehr viel, dass sie sozusagen einen „heißen Draht zum Management" hatten. Stolz priesen sie ihren Mitschülern gegenüber den Brotaufstrich oder das Mixgetränk, dessen Herstellung oder Vorbereitung sie zu Hause aus nächster Nähe erlebt hatten.

Genauso war es immer bei unserem jährlichen Herbstfest im Oktober, bei dem Mütter und Väter einzelne Spielstationen betreuten: Kinder, die aktive Eltern hatten, traten anders auf, stolz und selbstbewusst, und wiesen wiederholt auf das hin, was ihre Eltern beigetragen hatten.

Besonders stimmungsvoll sind in den Wochen vor einer Theateraufführung auch immer die Nachmittage, an denen Kulissen gemalt, Requisiten gebastelt und Bühnenbilder gestaltet werden. Gerade schwierige Kinder, die das Glück haben, dass ihre Eltern sich tatkräftig in die Schule einbringen, sind in Zeiten besonderer Aktivitäten viel „pflegeleichter" als sonst. Erfahrene und begabte Pädagogen sehen die positive Veränderung bereits am Gesicht eines Kindes. Besonders deutlich habe ich noch Tobi vor Augen, der die netteste und konstruktivste Mutter hatte, die ich je kennen lernte. Tobi war ein Sorgenkind, das nach einer zum Großteil im Krankenhaus verbrachten Säuglingszeit zunächst einmal in seiner Entwicklung zurückblieb und seiner Mutter wirklich das Äußerste abverlangte. Vom ersten Schultag an erlebten wir nun diese Mutter als einsichtig, hilfsbereit und grenzenlos kooperativ. Wenn wir Hilfe brauchten, war sie immer da. Sie hatte eine sehr schöne Singstimme und sang bei allen Theateraufführungen in unserem aus Lehrern, Eltern und Kindern gemischten Chor mit. Sie malte Kulissen, half an Sprechtagen in der Cafeteria, kam nach allen Festen und Theaterabenden zum Aufräumen und war immer eine freundliche und hilfsbereite Ansprechpartnerin. Die schulische Entwicklung, die Tobi nahm, hätte vor seiner Einschulung niemand so günstig prognostiziert, wie sie dann verlief. Er wurde einer unserer besten und interessiertesten Schüler. An seinem Gesicht sah man besonders deutlich, wie sehr er sich über die wichtige Rolle, die seine Mutter für die Schule spielte, freute und wie stolz er darauf war, dass seine Mama immer, wirklich immer, dabei war, wenn es etwas Besonderes gab.

Deshalb ergreifen Sie die Chance, wenn sie Ihnen von der Schule Ihres Kindes geboten wird und bringen Sie sich aktiv ein! Es lohnt sich, dafür auch einmal irgend etwas umzuorganisieren und kleine Unbequemlichkeiten in Kauf zu nehmen. Was Sie Ihrem Kind damit schenken, ist so wertvoll, dass es mit Geld nicht zu bezahlen ist. Sie senden ihm eine hochwirksame, nonverbale Botschaft:

„Deine Schule und dein Lernen sind mir so wichtig, dass ich bereit bin, dafür Zeit zu opfern und selbst etwas zu tun."

Wenn Ihr Kind Schule als wichtig und bedeutsam erlebt, wird es mit großer Wahrscheinlichkeit auch seine schulische Arbeit ernst nehmen. Das wiederum ist eine der Voraussetzungen für Schulerfolg.

Erfolgsmerkmal Nummer fünf:

Kinder, deren Eltern bereit sind, einen Teil der Verantwortung für das schulische Lernen zu übernehmen, haben bessere Chancen

Als ich noch in der 1. und 2. Klasse unterrichtete, teilte ich den Eltern am ersten, vorbereitenden Elternabend immer zwei verschiedenfarbige Zettel aus, auf denen sie zu ihren Erwartungen als zukünftige Schülereltern Folgendes notieren sollten:
1. Zettel: Das erwarte ich von der Schule
2. Zettel: Das bin ich bereit, selbst beizutragen
Unter der Rubrik: Das erwarte ich von der Schule, kam vielerlei zusammen, unter anderem:

Ich erwarte,
- dass mein Kind gern in die Schule geht.
- dass mein Kind ein selbstbewusster und verantwortungsbewusster Mensch wird.
- dass Schule die Intelligenz meines Kindes fördert.
- dass das Kind sich auf den nächsten Schultag freut.
- Lernen muss Spaß machen.
- Das Kind soll auch nachmittags zu Hause gerne lernen.
- Es soll nicht völlig kaputt aus der Schule nach Hause kommen.
- Das Kind soll Disziplin lernen.
- Das Kind soll Fleiß zeigen.

Ich ordnete die verschiedenen in die Schule gesetzten Erwartungen in drei Rubriken:

Das kann die Schule bieten	Das können Elternhaus und Schule gemeinsam erreichen	Das ist Sache des Elternhauses

Alle oben aufgeführten Wünsche gehörten nun gerade nicht zu der Rubrik: Das kann die Schule bieten. Ihre Erfüllung war entweder in guter Zusammenarbeit zwischen Eltern und Schule zu erreichen oder sogar einzig und allein Sache des Elternhauses.

Für den nächsten Elternabend, der dann bereits nach Beginn des neuen Schuljahres stattfand, fertigte ich eine Übersicht an, auf der ich noch einmal alles, was die Eltern sich von der Schule gewünscht hatten, auflistete und zwar geordnet nach den drei oben genannten Kriterien. Das Blatt mit dieser Übersicht kopierte ich für die Eltern. Mir war wichtig, dass sie auch zu Hause in Ruhe noch einmal darüber nachdenken konnten, wie wenig Schule allein vermag und wie sehr die Mithilfe der Eltern gebraucht wird.

So sah die Übersicht in meiner letzten 1. Klasse aus:

Das kann die Schule bieten	Das können Elternhaus und Schule gemeinsam erreichen	Das ist Sache des Elternhauses
Einfühlungsvermögen *Raum zum Ausprobieren* *dass mein Kind spielerisch das Lernen übermittelt bekommt* *Eingehen auf die individuelle Persönlichkeit* *Raum und Freiheit, sich selbst einzubringen* Individuelle Betreuung jedes Kindes über 4 Grundschuljahre hinweg	dass mein Kind freudig ohne Druck ohne Angst den „Ernst des Lebens" kennen lernt *dass mein Kind neugierig bleibt zu lernen* *dass mein Kind gefördert wird* Die Schule positiv für das Kind gestalten (Freude am Lernen) Kind soll keine Angst vor der Lehrerin und anderen Kindern haben Das Kind soll gerne lernen – auch nachmittags zu Hause Es soll nicht völlig kaputt nach Hause kommen	dass mein Kind die Natur erlebt *Disziplin* *Fleiß* Ich erwarte, dass mein Kind ein selbstbewusster und verantwortungsbewusster Mensch wird Kind soll Selbstbewusstsein und Rücksichtnahme (Balance) lernen

Das kann die Schule bieten	Das können Elternhaus und Schule gemeinsam erreichen	Das ist Sache des Elternhauses
Möglichkeiten, verschiedene Talente (z. B. Theater etc.) auszuprobieren Geduld *Rücksicht auf das Kind nehmen* Wenn es mit dem Kind Probleme gibt, Eltern darauf hinweisen Lesen, Schreiben, Rechnen Eingehen auf Konflikte innerhalb der Klasse – *Lösungen finden* *Unterricht soll Interessen des Kindes aufgreifen* (z. B. Thema Tiere)	Kind soll sich auf den nächsten Schultag freuen mit Freude zur Schule gehen soziales Verhalten lernen Selbstständigkeit Lernen – die Schule – soll Spaß machen dass sich das Kind wohl fühlt, gerne zur Schule geht, dass das Kind auch bei negativen Bewertungen – Arbeiten – Erfahrungen wieder motiviert wird Lehrer soll Klassengemeinschaft so steuern, dass kein Kind ausgegrenzt wird *gut lernen* Gedichte lernen *Förderung des sozialen Miteinander (Rücksichtnahme)* Ich erwarte von der Schule, dass sie dem Kind Lesen/Schreiben beibringt und auch die *Intelligenz fördert* Gute Zusammenarbeit *Kind soll lernen, durch viele kleine Schritte zum Erfolg zu kommen (Übung, Anstrengung, nicht aufgeben)* Ich erwarte, dass mein Kind den vorgesehenen Lernstoff lernt Ich erwarte, dass mein Kind gern in die Schule geht Lernen soll Freude machen und nicht in Stress ausarten	
* Die kursiv gestellten Erwartungen können von der Schule nur in bestimmten Grenzen und unter bestimmten Voraussetzungen erfüllt werden.	* Zu der Erfüllung der kursiv gestellten Erwartungen kann Schule zwar schon beitragen. Die größere Bedeutung kommt hier jedoch dem Elternhaus zu.	* Die kursiv gestellten Themen fallen zwar auch in den Verantwortungsbereich der Schule, werden jedoch im Elternhaus entscheidend grundgelegt. Schule kann hier nur modifizierend, nicht aber grundlegend eingreifen.

Diese Übersicht wurde dann gemeinsam gelesen und besprochen. Ich merkte immer, wie gut es war, mit den Eltern offen ihre Bedeutung für den Schulerfolg ihres Kindes zu diskutieren. Auf der Grundlage dieser „Wunschliste“ war es sehr gut möglich zu verdeutlichen, wann Schule an ihre Grenzen stößt. Das war den meisten Eltern vorher so deutlich nicht bewusst gewesen. Aber – einmal „aufgeklärt“ – versuchten fast alle, ihre Rolle auch richtig anzunehmen und ihrem Kind ein fürsorglicher Begleiter zu sein.

Dazu gehörte in erster Linie, dass die Verantwortung für das Lernen des Kindes weder auf die Schule abgewälzt noch dem Kind alleine aufgebürdet wurde. Es wurde vielmehr als notwendig erkannt, dass Eltern sich als einen Teil des Gesamtgefüges sahen, und zwar einen Teil, der mehr Zugriff auf das Kind hat als die Schule, in der ein Kind immer nur einen Bruchteil an Aufmerksamkeit und individueller Betreuung erfahren kann.

Kind, Eltern und Schule teilen sich die Verantwortung für das Lernen

Die Gesellschaft stellt an die Schule heute hohe Anforderungen, die so – die Übersicht oben macht es deutlich – nicht erfüllt werden können. Vieles wird von der Schule verlangt, was ausschließlich Sache des Elternhauses ist. So nimmt es nicht wunder, dass sich allenthalben Unzufriedenheit ausbreitet:

- bei den Lehrern, die sich als Prügelknaben sehen, zuständig gemacht für alles, was Gesellschaft und Elternhaus versäumen.
- bei Eltern und Gesellschaft, weil man der Schule Versagen vorwirft.

Die Leidtragenden in dem Dilemma sind die Kinder. Ihnen fehlt kompetente und wirkungsvolle Hilfe dabei, ihre Fähigkeiten so zu entwickeln, dass dauerhafter Schul- und Lernerfolg möglich ist.

Ich kenne keinen Lehrer, der sich weigert, den Teil der Verantwortung für schulisches Lernen zu übernehmen, der mit seinen beruflichen Pflichten verbunden ist. Aber es ist kontraproduktiv, jegliche Verantwortung dafür, ob ein Kind erfolgreich lernt oder nicht, nur bei der Schule zu sehen. Lehrer organisieren Lernprozesse, bieten Lernmöglichkeiten an und kontrollieren Ergebnisse. Ob ein Kind aber Gebrauch macht von den schulischen Angeboten, das entzieht sich dem Zugriff der Lehrkraft. Lernen ist ein Prozess der aktiven Aneignung, des Zugreifens, ein „Take-in" und kein „Bring-in". Die aktive Auseinandersetzung mit der Welt wird im Kindergartenalter „gelernt". Schule bietet nur die Inhalte für die grundsätzliche Fähigkeit, sich aktiv Wissen anzueignen. Lernfähigkeit jedoch wird im Elternhaus erworben. Wenn Eltern sich selbst ebenfalls zuständig fühlen für das Lernen ihrer Kinder, dann heißt das, dass sie auch einen Teil der Verantwortung dafür übernehmen. Vor diesem Hintergrund sind sie die besseren Helfer.

Nicht Nachhilfelehrer, sondern Coach

Es ist Sache des Kindes, in der Schule aufzupassen, wenn Hausaufgaben erklärt werden und sofort nachzufragen, wenn etwas nicht verstanden wurde. Eltern, die sich als Handlanger von ihrem Kind einspannen lassen und es übernehmen, ihm die Hausaufgabe noch einmal zu erklären oder bei anderen Eltern herumzutelefonieren, was denn aufgegeben sei, solche

Eltern erlauben es ihrem Kind indirekt, sich selbst aus der Verantwortung zu stehlen. Welchen Grund sollte denn ein Kind haben, sich selbst um eine exakte Information in der Schule zu bemühen, wenn es ganz sicher ist, die Mama wird ihm zu Hause schon sagen, was es machen soll? Diese Art, Kindern Verantwortung abzunehmen, führt dazu, dass sie sich innerlich zurücklehnen und auf Anweisungen warten. Eltern sind nicht Nachhilfelehrer, sie sollen dem Kind dabei helfen, brauchbare Lernstrategien und -strukturen aufzubauen.

Ich sammle z.B. täglich die Hausaufgabenhefte ein und kontrolliere, ob die Aufgaben vollständig und richtig gemacht wurden. Nun sehe ich immer wieder Hefte, in denen unter fast jeder Hausaufgabe etwas Ähnliches steht wie z.B.: Bitte denk an das Datum! Oder: Lass doch nach dem Datum immer eine Zeile frei! Oder: Streiche Fehler bitte ordentlich mit Lineal durch!

Derartiges ist für mich ein Zeichen, dass zu Hause niemand die Hefte des Kindes kontrolliert. Hier hätten Eltern aber eine sehr wichtige Funktion. Der Aufbau von genauen Ordnungsstrukturen ist grundsätzlich mühsam für die Lehrkraft und artet bei manchen Kindern in eine regelrechte Sisyphusarbeit aus. Aussichtslos wird dieses Unterfangen, wenn Kinder bei jeder Hausaufgabe immer wieder den gleichen Fehler machen und erst bei der Korrektur am nächsten Tag von der Lehrkraft darauf hingewiesen werden. Hier ist eine wertvolle Lernchance versäumt worden, nämlich die, unmittelbar beim Begehen eines Fehlers auf diesen aufmerksam gemacht zu werden und diesen Fehler sofort zu verbessern. Passiert das an einigen Tagen hintereinander und das Kind muss jedes Mal wieder von vorne mit seiner Aufgabe anfangen, dann wird es irgendwann einmal daran denken, *bevor* es den Fehler macht und die Hausaufgabe eben formal richtig machen. So aber, wenn dieses wirksame Coaching nicht zu Hause erfolgt, sondern es der Schule überlassen wird, das Kind zu genauem Arbeiten zu erziehen, erfolgt ein Feedback auf den Fehler frühestens nach zwei Tagen:

Wenn das Kind die Aufgabe am Montagnachmittag falsch erledigt, gibt es das Heft am Dienstag in der Schule ab. Die Lehrkraft korrigiert am Nachmittag, wenn die Kinder gar nicht mehr greifbar sind, schreibt unter den falschen Eintrag einen Kommentar und teilt das Heft am Mittwoch aus. Wenn an diesem Tag im Heft Hausaufgaben zu erledigen sind, sieht das Kind am Nachmittag die Anmerkung der Lehrerin. Dass diese Reaktion zu spät und daher wirkungslos ist, leuchtet ein. Darüber hinaus lesen gerade die unordentlichen Schüler meist gar nicht, was unter die letzte Aufgabe geschrieben wurde. Es ist ja auch bereits wieder ein Merkmal genauen Arbeitens, sich mit seiner letzten Arbeit auseinander zu setzen und sich zu vergewissern, dass alles richtig war. Dieses wichtige Grundprinzip erfolgreichen Lernens können aber nur Kinder erwerben, die entweder von sich aus sehr exakt und gewissenhaft arbeiten – und auch diese Kinder gibt es – oder solche, die von verantwortungsbereiten Eltern dabei unterstützt werden. Wird von zu Hause gar keine Unterstützung beim Aufbau des richtigen Lernverhaltens geleistet, so muss die Schule mit ihren Bemühungen scheitern.

Das macht gerade engagierte Lehrer manchmal wütend. Derartige Reaktionen habe ich mir – fast – abgewöhnt. Ich muss, wenn ich mich selbst nicht völlig und noch dazu zwecklos verausgaben will, hinnehmen, dass in erster Linie die Eltern die Verantwortung für ihre Kinder tragen und dass nicht alle Eltern dieser Verantwortung auch gerecht werden. Junge Kollegen haben mit dieser Erkenntnis oft noch Probleme und wollen sie nicht akzeptieren.

Es ist jedoch immer noch das Kind der Eltern und nicht das der Lehrkraft, um das es in der Schule geht und Eltern tragen die Hauptverantwortung. Wenn sie sich für den schulischen Erfolg ihres Kindes nicht selbst einsetzen wollen, dann können wir sie auch nicht dazu nötigen. Sie müssen dann allerdings – und das wollen viele Eltern wiederum nicht akzeptieren – auch das hinnehmen, was am Ende herauskommt.

Noch einmal sei es ausdrücklich gesagt: Nicht Nachhilfelehrer und Aufgabenerklärer sollen die Eltern in erster Linie sein, sondern der Coach des Kindes, der ihm dabei hilft, ein effektives Lernverhalten aufzubauen.

Nicht für die Katz', sondern fürs Kind: Empfehlungen der Schule

Der gesellschaftliche Anspruch, der an die Schule gestellt wird, ist geradezu ungeheuerlich. Es wird als selbstverständlich erwartet, dass wir aus jedem Kind, sei es auch noch so schlecht gefördert und auf die Schule vorbereitet, sei es also auch noch so lern- und schulunfähig, mindestens den Absolventen eines mittleren Bildungsabschlusses, besser noch einen Abiturienten, machen. Man glaubt offenbar, wir Lehrer hätten magische Fähigkeiten. Diese übersteigerte Erwartungshaltung stammt aus der Zeit, als der Begriff der Chancengleichheit politisch hochgespielt wurde und zu dem Glauben verführte, es liege an der Chance, ob ein Kind Schulerfolg habe oder nicht.

Chancengleichheit heißt nicht Ergebnisgleichheit. Gerade diese wird aber heute in Verkennung der Möglichkeiten vorausgesetzt, und so sind wir wieder am Ausgangspunkt unserer Betrachtungen: An die Schule werden höchste Ansprüche gestellt.

Nun müsste man meinen, eine Institution, von der man so Großes erwartet, würde höchste Wertschätzung genießen und sei geachtet und respektiert. Weit gefehlt! Das bekommen wir immer dann schmerzlich zu spüren, wenn wir Empfehlungen geben, die über das lapidare: „Er muss eben mehr üben!“ hinausgehen.

Denn das gesteht man der Schule noch zu: Dass sie Rechen- oder Schreibübungen verteilt. Gerade heute gibt es aber immer mehr Lehrer, deren Kompetenz weit über das hinausreicht, was Eltern, die ja von den Hintergründen unseres Faches nichts wissen und auch nicht wissen müssen, sich unter Pädagogik so landläufig eben vorstellen.

Was geschieht also, wenn wir Empfehlungen geben, die die Ernährung, das Freizeitverhalten, das Zeitmanagement oder die Organisation von Lernprozessen betreffen? Es gibt Eltern, die unsere Empfehlungen ernst nehmen. Das sind nicht wenige. Aber es gibt auch Eltern, zu viele, wie ich meine, die schulische Empfehlungen in den Wind schlagen, teils, weil deren Beachtung von ihnen verlangen würde, sich für ihr Kind Zeit zu nehmen und sich mit ihm abzugeben, teils aber auch aus einer gewissen Verachtung „den Lehrern“ gegenüber.

Vor vielen Jahren ging in meine 1. Klasse Lothar, das blitzgescheite Kind akademischer Eltern. Von ihm erwarteten sie denn auch Außerordentliches, und klug, wie er war, hätte er dieses Außerordentliche vielleicht auch leisten können. Bald schon zeigte sich aber, dass Lothar nicht in der Lage war, seine Gedanken so weit zu bändigen, dass er sie auf seine momentane Arbeit richten konnte. Was fiel ihm nicht alles ein, wenn er über seinem Heft saß und malen, schreiben oder rechnen sollte! In seinem Kopf musste ein wirres Durcheinander herrschen. Er rief alles heraus, was ihm in den Sinn kam und dachte gar nicht daran, sich zurückzuhalten. So kam es zu den ersten Reibereien mit seinen Kassenkameraden, die sich dadurch gestört fühlten. Es waren auch die Ergebnisse seiner Arbeit alles andere als befriedigend. Ungenauigkeiten und Fehler häuften sich. Nach einigen Monaten war Lothar wenigstens so weit „domestiziert", dass sein Störverhalten auf ein erträgliches Maß reduziert war. Er äußerte sich aber zu Hause sehr kritisch darüber, dass er in der Schule still sein musste. Das nahm die Mutter weiter nicht sehr tragisch und so verging das erste Schuljahr mehr schlecht als recht. Lothar lernte das Lesen leicht, verstand im Rechnen die kompliziertesten Zusammenhänge, war aber nicht in der Lage, schriftlich so zu arbeiten, dass auch nur annähernd zufriedenstellende Ergebnisse herauskamen. Er machte massenhaft Rechtschreibfehler, seine Schrift war kaum zu entziffern. Geschichten, die er verfasste, bestanden aus unverständlichen Sätzen und seine Rechenhefte enthielten viel zu viele Fehler für so ein begabtes Kind. Dazu kam noch, dass Lothar in der 2. Klasse einen Gesichtstic entwickelte: Er verzog Mund und Nase seitlich wie ein mümmelnder Hase und machte unkontrollierte Bewegungen mit seinen Armen. Das und sein immer noch ausgeprägter Redezwang ließen mich vermuten, dass hinter seinem Verhalten mehr steckte als nur fehlende Disziplin. So stark ausgeprägt war sein zwanghaftes Reden, dass er keine Gelegenheit ausließ, mich, wenn ich auch nur in seine Nähe kam, „vollzutexten", wie es auf Neudeutsch so schön heißt. Nicht nur das, er lief mir auch nach und wollte mir ständig etwas erzählen oder mich die absonderlichsten Dinge fragen. Er hatte einen unersättlichen Drang nach Aufmerksamkeit und danach, im Mittelpunkt zu stehen.

In Gesprächen mit den Eltern kam heraus, dass Lothar zu Hause nicht zu lenken war und für die Familie ein ernsthaftes Problem darstellte. Sein dauerndes Reden wurde auch von den Eltern als unerträglich empfunden. Vor allem der Vater erkannte sehr wohl, dass es um mehr als bloßen Ungehorsam ging. Doch auch er war dem Kind gegenüber hilflos. So erzählte er, vor einigen Tagen habe er Lothar gebeten, doch einmal den Mund zu halten und still zu sein. Das war dem Kind offenbar nicht möglich und so setzte er seinen Sohn vor das Haus an die Garagentür und sagte ihm, da solle er bleiben, bis er sich so benehmen könne, dass er im Haus wieder zu ertragen sei. Mehr als eine Stunde saß Lothar da und dachte nicht daran, ins Haus zu gehen und „Besserung" zu versprechen. Erst als es Zeit zum Abendessen war, holte der Vater ihn wieder herein, selbst sehr unglücklich über diese Erziehungsmaßnahme, zu der er in seiner Not gegriffen hatte. Die Mutter konnte ihren Sohn aber nicht so realistisch sehen wie der Vater. Sie versuchte in Gesprächen immer wieder, sein Verhalten „schönzureden" und sich selbst, dem Vater und mir weiszumachen, solch ein Fehlverhalten sei bei einem so begabten Kind eben anders zu bewerten als bei „gewöhnlichen" Kindern.

Als ich erzählte, wie sehr Lothar mich mit Fragen und Erklärungen aller Art bedrängte und verfolgte, meinte die Mutter: „Ja, das ist unglaublich! Dieses Kind will einfach so viel wissen. Was der für Fragen stellt! Neulich hat er mich doch tatsächlich gefragt, wie ein Ottomotor funktioniert! Stellen Sie sich vor, ein Siebenjähriger, der so was wissen will!"

Ich versuchte ihr zu erklären, dass hier genau das Problem liege. Ich sei mir sicher, dass Lothar gar nicht wissen wolle, wie ein Ottomotor funktioniere. Ich hatte schon oft erlebt, dass er mich etwas fragte, das eine komplexe Antwort erforderte. Doch wenn ich ihm diese Antwort geben wollte, zeigte er sich daran gar nicht interessiert, sondern redete entweder dauernd dazwischen und gab Kommentare ab oder er hörte einfach nicht zu. Was er mit derlei hochtrabenden Fragen beabsichtigte, lag für mich klar auf der Hand: Er wollte Reaktionen wie: „Nein, was du für Fragen stellst! Für so was Schwieriges interessierst du dich schon!" Er wollte also, dessen war ich mir sicher, nicht wissen, wie ein Ottomotor funktioniert, sondern er wollte, dass die Mutter sagte: „Für den Ottomotor interessierst du dich! Das ist ja toll!" Diese Fragerei war eben auch ein Teil von Lothars Bestreben, Aufmerksamkeit zu erlangen. Doch das wollte vor allem die Muttr auf keinen Fall sehen.

Sie zeigte vielmehr die Tendenz, alles nur darauf zu schieben, dass in der Schule zu viel Disziplin verlangt werde und ihr Sohn eben so kreativ und eigenwillig sei, dass er diesen schulischen Ordnungsrahmen nicht akzeptiere.

Ich war zunächst auch etwas ratlos, welche therapeutische Schiene für ein Kind wie Lothar die richtige sei. Durch Zufall hörte ich auf einer Tagung vom La-Tourette-Syndrom, ließ mir dann gleich von der La-Tourette-Gesellschaft Unterlagen schicken und hatte das erste Mal das Gefühl, auf einer richtigen Spur zu sein. Das Tourette-Syndrom ist, wenn man so will, die Folge neurologischer Fehlschaltungen im Gehirn und hat vielerlei Einzelsymptome. Signifikant sind bei allen Patienten jedoch ein nicht beherrschbares zwanghaftes Reden und unkontrollierte, ruckartige Bewegungen.[8]

Dann machte ich im Unterricht noch eine Entdeckung, die mich ebenfalls in meiner Meinung bestärkte, bei Lothar gehe es um pathologische Fehlleistungen, die mit nur pädagogischen Maßnahmen nicht zu steuern seien, noch dazu, da seine Mutter sehr uneinsichtig war.

In der 2. Klasse begannen plötzlich einige Kinder im Kreis und an der Sitzgruppe von Lothar abzurücken, weil er „stinke", wie sie sagten. Ich hielt das zunächst für eine Umschreibung der Tatsache, dass er sie störe und sie neben ihm nicht stehen oder sitzen wollten. Es war ja auch so, dass Lothar es nie schaffte, sich als einen Teil der Klasse zu sehen, sondern immer eine Sonderrolle beanspruchte und sowohl beim Aufstellen im Kreis als auch in der Sitzgruppe immer andere auf sich aufmerksam machen wollte. Zu behaupten, jemand stinke, ist sehr destruktiv und kränkend für den Betreffenden und so überlegte ich, nach welcher Strategie ich hier vorgehen sollte, um dieses Gerede abzustellen und den Kindern auch einsichtig zu machen, dass hier „unter der Gürtellinie" agiert werde.

Da machte ich eine Feststellung, die mich fast bestürzte: Lothar roch wirklich unangenehm. Mir fiel das plötzlich auf, als ich mich über sein Heft beugte, um ihm etwas zu zeigen. Sein nackter Unterarm lag auf dem Heft und von seiner Haut stieg ein unangenehm fader Geruch nach altem Käse auf. Nun war Lothar ein gepflegtes Kind, das immer sauber gewaschen, mit frischen Kleidern und ordentlichen Haaren in die Schule kam. Ich hatte auch schon Schüler gehabt, die körperlich verwahrlost waren und wirklich „mieften", weil sie schmutzige Kleider trugen und sich nicht ordentlich wuschen. Das aber war hier auszuschließen. Wo also kam der Geruch her? Um sicherzugehen, dass ich mich nicht getäuscht hatte, suchte ich auch in den folgenden Tagen Gelegenheiten, bei denen ich mich neben Lothar setzte, mit ihm arbeitete und vorsichtig „schnüffelte". Der erste Eindruck bestätigte sich: Er verströmte wirklich diesen faden Geruch. Inzwischen hatte ich auch Notizen, die ich mir vor Jahren bei einem Vortrag über Stoffwechselstörungen und ihre Folgen für Lernen und Verhalten gemacht hatte, gefunden. Daraus ergab sich, dass Allergien und Stoffwechselstörungen den Gehirnstoffwechsel negativ beeinflussen und so zu unterschiedlichen Fehlleistungen und Verhaltensstörungen führen können. Außerdem erinnerte ich mich, einmal gelesen zu haben, dass Asiaten keine Kuhmilch und deren Produkte zu sich nähmen und uns Europäer, die wir das täten, als übelriechend empfänden, weil beim Verstoffwechseln der Milch ein Geruch entstünde, den sie sehr deutlich wahrnehmen könnten. Lothars Mutter, die auf gesunde Ernährung achtete, hatte mir schon oft erzählt, wie geradezu süchtig nach Milch ihr Sohn sei und dass sie das so toll fände. Milchunverträglichkeit ist wiederum etwas, das von ganzheitlich arbeitenden Ärzten oft festgestellt wird, wenn Allergien ein Thema sind und es darum geht, die „schuldigen" Nahrungsmittel zu finden.

Langsam ergab sich für mich ein Bild: Ich war mir sicher, dass Lothar an einer Stoffwechselstörung litt, die sich auf sein biochemisches Gleichgewicht negativ auswirkte und damit auch zu neurologischen Ausfällen im Gehirn und zu seinem neurotischen Verhalten führte. Der in letzter Zeit auftretende Körpergeruch war für mich ein Hinweis darauf, dass die Störung massiver geworden war, worauf auch sein immer extremeres Fehlverhalten hindeutete. Natürlich war das nur eine Vermutung. Dass es bei Lothar nicht um Verhaltensstörungen im herkömmlichen Sinn ging und deshalb auch eine therapeutische Maßnahme auf der schulpsychologischen

Schiene zwecklos war, dessen war ich mir sicher. Eine genaue Diagnose wäre nun Sache eines Arztes gewesen. Ich empfahl der Mutter dringend, einen solchen aufzusuchen: Wir hatten am Ort mehrere „alternativ" und ganzheitlich arbeitende Ärzte, die Lothar sicher zumindest teilweise hätten helfen können. Sie war jedoch nicht dazu zu bewegen, diese Empfehlung zu befolgen, sondern beharrte auf ihrer Einschätzung: Lothar sei ein sehr intelligentes Kind, das eben deshalb schwieriger sei und die Schule würde von ihm zu viel verlangen.

Nun verlief Lothars schulische Biographie beileibe nicht katastrophal. Er kam durch die Grundschulzeit, trat auch auf das Gymnasium über, blieb wegen seines sonderbaren Verhaltens aber immer ein Außenseiter und hatte schulisch auch nicht die Erfolge, die er bei seiner Intelligenz hätte haben können, sondern wurstelte sich eben so durch. Lothar ist meiner Interpretation nach ein erfolgloser Schüler, auch wenn er in einigen Jahren sein Abitur sicher „irgendwie" machen wird. Aber was ist aus seinen Möglichkeiten geworden? Nichts!

Nun geht es bei Empfehlungen, die die Schule ausspricht, nicht immer um den Umgang mit pathologischen Formen von Leistungs- oder Verhaltensdefiziten. Sehr oft handelt es sich um Hinweise, wie Lernen besser zu organisieren sei. Es geht aber auch um Tipps zum erzieherischen Verhalten, zu Freizeitgestaltung und Ernährung. Wenn ich daran denke, dass in meiner jetzigen 3. Klasse gerade diejenigen Kinder, die flüchtig arbeiten, schlecht herhören können und um 9 Uhr schon lasch auf der Bank liegen, dass gerade diese Kinder Milchschnitten, süße Riegel, Bifisalami, Fruchtzwerge, Schokolade, geröstete Erdnüsse und ähnlichen ernährungsphysiologischen „Müll“ dabeihaben, dann weiß ich, worüber ich am nächsten Elternabend sprechen werde. Wie ernst meine Ausführungen genommen werden, kann ich nicht sagen. Eines aber ist sicher: Die Eltern wären gut beraten, das ernst zu nehmen, was die Schule ihnen rät. Auch das Annehmen und Befolgen schulischer Empfehlungen ist eine Möglichkeit, zum Schulerfolg des Kindes beizutragen.

Erfolgsmerkmal Nummer sechs:

Kinder, deren Eltern die fachliche Kompetenz der Lehrkraft akzeptieren, haben bessere Chancen

Das deutsche Bildungssystem – seit PISA weiß es jeder – ist wenig effektiv. Wir rangieren ganz hinten, weit weg von einer Spitzenreiterrolle, gleichsam als Schlusslicht Europas. Dass die Bayern mit ihrer Bildungspolitik die Einäugigen unter den Blinden sind, sollte sie nicht übermütig machen. Auch hier liegt viel mehr im Argen, als zugegeben wird. Nun besuchen unsere Kinder deutsche Schulen und werden innerhalb dieses Systems auch bewertet. So ist für manche Eltern die Frage, wie leistungsfähig dieses System denn ist, zweitrangig. Sie wollen gute Noten, den Übertritt auf das Gymnasium und das Abitur für ihr Kind. Das aber ist in Zeiten der Globalisierung entschieden zu kurzsichtig gedacht. Wir sehen es jetzt schon: Abitur und Studium gewähren keine Garantie für eine gesicherte Berufslaufbahn. Darum sollten wir alle im Hinblick auf die Zukunft unserer Kinder weiter denken als von hier bis zum nächsten Zeugnis. Wenn Abitur und Studium von fraglichem Wert sind, dann muss darüber nachgedacht werden, was die Berufsaussichten rosiger gestalten könnte. Schulerfolg ist, ich sagte es bereits zu Beginn dieses Buches, weit mehr als gute Noten. Zu DDR-Zeiten gab es Gymnasialklassen, die einen Notendurchschnitt unter 1,5 hatten. Nach der Wende kamen viele Schüler aus der ehemaligen DDR auch an bayerische Schulen. Es zeigte sich, dass ihr Leistungsstand erschreckend niedrig war. Die Note allein mag zwar innerhalb eines Systems als Zugangsberechtigung einen gewissen Wert haben. Für den Schüler wertvoll ist jedoch allein das, was er wirklich gelernt hat. Die Länder, deren Schüler in PISA Spitzenpositionen besetzten, haben erfolgreiche Schulen, in denen Schüler effektiv lernen. Natürlich stellte sich nach der PISA-Studie die Frage: Was ist in diesen Ländern anders? Eines haben sie – die „Guten" – alle gemeinsam: Schule hat dort einen höheren Stellenwert als bei uns, die Position des Lehrers ist anerkannter und geachteter, seine Kompetenz wird grundsätzlich nicht in Frage gestellt – das gilt besonders für Finnland.

Das deckt sich mit Erkenntnissen, die bereits nach TIMSS gewonnen wurden. Ich nahm im Frühjahr 1998, kurz nach Erscheinen dieser Studie, an einer Tagung teil, auf der Dr. Köller vom Max-Planck-Institut für Bildungsforschung in Berlin, einer der Mitarbeiter an der Studie, referierte. Es ging damals besonders um die herausragenden mathematischen Leistungen japanischer Schüler. Es wurden Videos von Unterrichtsmitschnitten gezeigt, und Dr. Köller sprach auch über die Rolle des Lehrers in Japan, die so ganz anders als bei uns ist. Er sagte, der japanische Lehrer sei für die Eltern ein „Meister", dessen Wort gelte und dem man mit Achtung begegne.

Nun werden Sie vielleicht einwenden, dass man doch von Eltern nicht verlangen könne, Lehrer zu akzeptieren, deren Kompetenz gering sei. Sicher gibt es, wie unter Ärzten, Handwerkern und Rechtsanwälten, auch unter Lehrern sehr kompetente, weniger tüchtige und auch unfähige Vertreter des Berufsstandes. Nur: bei einem unfähigen Arzt muss wesentlich mehr an Negativerfahrung vorliegen, damit Patienten diese Unfähigkeit auch zur Kenntnis nehmen. Bei einem

Lehrer genügt jedoch allein schon das geringste Unverständnis einer unbedeutenden Aufgabe oder Erziehungsmaßnahme, um ihm Inkompetenz zu unterstellen und seine Autorität zu untergraben.

Und hier liegt der entscheidende Unterschied: Es wird nicht a priori Kompetenz angenommen und diese Meinung erst nach genügend negativer Erfahrung relativiert oder revidiert. Nein, es verhält sich genau entgegengesetzt: In vielen Familien wird a priori die Inkompetenz von Lehrern angenommen und es müssen sehr viele positive Erfahrungen vorliegen, damit dann Kompetenz zugestanden wird. Dabei ist es vor diesem negativen Hintergrund für die Schule außerordentlich schwierig, in einem günstigen Licht zu erscheinen, mag im Unterrichts- und Erziehungsbereich auch noch so viel geleistet werden. Individuelle Wahrnehmung ist etwas höchst Subjektives. Nicht umsonst wird das Problem der Tatsachenfeststellung vor Gericht in vielen Büchern abgehandelt. Ist es doch sogar bei einer so für objektive Begutachtung prädestinierten Instanz wie einem Gericht nur schwer möglich, Sachverhalte objektiv, hieb- und stichfest zu ermitteln. Um wie viel schwieriger, wenn nicht geradezu völlig aussichtslos, wird es, pädagogische Leistungen und die dahinter stehende Kompetenz adäquat zu beurteilen, wenn von vornherein die Wahrnehmung selektiv auf das Finden von Fehlern und Schwächen gerichtet ist.

Bei uns ist es doch so, dass jeder, der selbst einmal ein Kind war und selbst einmal zur Schule gegangen ist, das heißt also wirklich jeder (!), glaubt, von Lernen und Schule etwas zu verstehen (s. auch S. 50), und zwar mindestens soviel wie Lehrer, vielleicht sogar mehr. Eine kleine Begebenheit, eigentlich unbedeutend, aber dennoch von symbolischer Aussagekraft, kann das illustrieren: Ich war früher Schulleiterin an einer kleinen Schule im ländlichen Einzugsbereich Münchens. Der Schulsprengel erstreckte sich über einige Dörfer, die alle zur selben Gemeinde gehörten. Die Kinder dieser entfernt liegenden Ortsteile wurden mit dem Schulbus zur Schule gebracht. Eines Tages, wir waren bei der Durchführung eines umfangreichen Projekts und hatten dadurch viel zusätzliche Arbeit und Organisationsaufwand, war eine Gruppe von Kindern schon mit einem früheren Bus nach Hause gefahren, weil sie am Nachmittag zu einer außerordentlichen Projektsitzung wieder in die Schule kommen sollte. Wir waren der Meinung, der Busfahrer wüsste darüber Bescheid. Dem war aber nicht so und er kam um 12.00 Uhr vergeblich, um diese Kinder zu holen. Die waren schon weg. Da sagte ich zum Fahrer, das täte mir Leid. Wir hätten gedacht, man habe das mitbekommen. Dieser Busfahrer nun, der zwar ein sehr freundlicher, aber wirklich einfacher Mann war, sagte, und das fand er wahrscheinlich witzig: „Hoho, wann's ihr Lehrer schon amal denkt's, hoho!" Das bedeutete übersetzt nichts anderes als, wir Lehrer seien zu dämlich, um zu denken und sollten das lieber lassen. Nun war das dem Mann sicher nicht klar. Er hatte bestimmt nicht das Gespür für das Verletzende dieser Äußerung. Gerade deshalb ist diese Begebenheit so symptomatisch.

In den erfolgreichen TIMSS- und PISA-Ländern ist das anders als bei uns. Das ist mit eine entscheidende Ursache für die guten Ergebnisse dieser Länder. Wie soll denn jemand, über dessen Kompetenz bestenfalls Witze gerissen werden, Ihrem Kind zu Leistung verhelfen? Besonders schade ist es, dass die Lehrergruppe, die pädagogisch am besten ausgebildet und sicher am engagiertesten ist, nämlich die Gruppe der Grundschullehrer, besonders wenig Respekt genießt. In der Grundschule fallen die Würfel. Dort lernt ihr Kind grundlegende Arbeitsweisen und entwickelt ein Lernverhalten, das ihm im günstigen Fall für den Rest seiner Schulzeit nützt. Nun ist die soziale Stellung von Lehrern in Deutschland zwar ein gesellschaftliches Problem, dem Sie als einzelne Eltern auch nicht zu Leibe rücken können. Was Sie aber können, ist, dass Sie für sich die Situation reflektieren und ihre eigene Einstellung überdenken. Wenn Sie die fachliche Kompetenz der Lehrkraft Ihres Kindes akzeptieren, dann wird Ihr Kind davon profitieren. Auch in einem defizitären Schulsystem kann der Einzelne Schulerfolg (in der von mir definierten Bedeutung, s. S. 14 ff.) haben. Ihr Kind braucht Respekt vor der und Vertrauen in die Lehrkraft. Dann wird es Lernen ernsthaft betreiben, mit dem nötigen Eifer, ohne den dauerhafte Erfolge nicht zu erzielen sind. Wenn Sie etwas nicht verstehen, dann bitten Sie die Lehrkraft um Erklärung. Das ist etwas ganz anderes, als sofort eine fertige Meinung zu haben, wie zum Beispiel: Was lernt ihr denn da wieder für einen Blödsinn!

Mir sagte einmal eine Mutter, sie habe volles Vertrauen in meine Fähigkeiten und wisse auch, dass ich bei allem etwas Bestimmtes beabsichtigen würde, auch wenn ihr das nicht immer auf Anhieb verständlich sei. Deshalb sage sie zu ihrer Tochter in Zweifelsfällen immer: Da hat sie sich bestimmt etwas dabei gedacht. Frag sie doch einfach!

Aus dieser Haltung spricht grundsätzliche Akzeptanz. Darüber hinaus wird daraus auch noch das Vertrauen deutlich, das in die Lehrerin gesetzt wird: „Frag sie doch!“ Das heißt: „Mit der kann man reden. Sie wird es dir sicher erklären.“

Diese Haltung ist meilenweit entfernt von der Bereitschaft, alles sofort ohne nähere Betrachtung zu kritisieren und abzuwerten.

Sie als Eltern haben es in der Hand, Ihrem Kind die Chance zu schenken, vertrauensvoll und mit Respekt seinen Lehrkräften zu begegnen. Bei einem geachteten und akzeptierten Lehrer aber wird Ihr Kind besser lernen.

Erfolgsmerkmal Nummer sieben:

Kinder, deren Eltern Konsequenz in der Erziehung zeigen und auch hinter pädagogischen Konsequenzen der Schule stehen, haben bessere Chancen

Schulische Disziplinierungsmaßnahmen – das kleinere Übel

Kinder zu erziehen, erfordert sehr viel Konsequenz. Der vordergründig „liebe" Lehrer und Erzieher, der in unendlicher Milde zwar ermahnt und bittet, aber bei Regelverstößen nie Konsequenzen folgen lässt, ist grausam. Warum? Nun, er enthält dem Kind etwas Wichtiges vor, worauf es Anspruch hat, nämlich, innerhalb des Schonraumes „Schule und Kindheit" wichtige Lehren zu erhalten, die ihm für den Rest seines Lebens von entscheidendem Nutzen sind.

Wie soll ein Kind oder ein Jugendlicher daran glauben, dass Fehlverhalten letztendlich nur zum eigenen Schaden ist, wenn die alltäglichen Erfahrungen ganz anders sind? Wie töricht von manchen Eltern, geradezu Sturm zu laufen gegen einfache und logische erzieherische Konsequenzen, die in der konkreten Situation vom Kind vielleicht als frustrierend empfunden werden, als lästig und unbequem, aber auch nicht als mehr und somit denkbar harmlos sind, verglichen mit dem, was im „echten" Leben als Folge unbedachten Handelns auftreten kann.

Unendliche Nachsicht und Verständnis – die verkappte Grausamkeit

In meiner entfernten Verwandtschaft gibt es einen tragischen Fall verunglückter Erziehung, der trefflich belegt, wie sehr Schwäche und das Verkennen von Tatsachen, also erzieherische Blindheit und Dummheit, ein Leben zerstören können.

Manfred, der Sohn dieser Verwandten, war ein ungewöhnlich hübsches und charmantes Kind. Bereits als kleines Kind fiel ihm so mancher Blödsinn ein, der damals noch wohlwollend als besonderes „Markenzeichen" eines rechten Lausbuben interpretiert wurde. Wenn Manfred einer Missetat überführt war, zeigte er sich stets zerknirscht, schmeichelte seiner Mama, wie lieb er sie habe und bettelte so nett und rührend um Verzeihung, dass seine Eltern gar nicht anders konnten, als ihrem Sonnenschein alles zu vergeben. Manfred wurde größer, seine Missetaten auch. Er versagte in der Schule, fälschte die Unterschrift seiner Eltern unter Schulaufgaben und ging mit 17 Jahren ohne Schulabschluss vom Gymnasium ab. Die Eltern hatten für das schulische Scheitern volles Verständnis, waren es doch die unverantwortlich strengen und lieblosen Lehrer, die Manfred die Freude am Lernen vergällt und mithin dieses Scheitern zu verantworten hatten.

Nun begann Manfred eine Lehre im väterlichen Betrieb. Bald merkten die Eltern, dass er größere Geldbeträge aus der Firmenkasse entwendete: Er hatte begonnen, in Kneipen um Geld zu spielen. Die Erklärung für Manfreds Ausrutscher war schnell gefunden: Er war in schlechte Gesellschaft geraten und zum Glücksspiel verführt worden.

Die Eltern beglichen seine Schulden, sie wollten doch ihrem Sohn ernsthafte Schwierigkeiten ersparen. Das konnten sie aber auf Dauer nicht, denn Manfred begann nun, sich in der Drogenszene zu bewegen, rauchte zuerst „nur" Haschisch, stieg aber schnell auf härtere Drogen um. Bei einer Razzia in einem Lokal wurde in seinen Taschen Heroin gefunden. Manfred hatte ein Verfahren wegen eines Verstoßes gegen das Betäubungsmittelgesetz am Hals. Die liebevollen Eltern waren entsetzt. Manfred war unschuldig, er hatte ihnen erklärt, wie es zum Rauschgift in seiner Tasche gekommen war: Das musste ihm jemand heimlich zugesteckt haben, um sich selbst zu entlasten. Ein Strafverteidiger wurde engagiert, Manfred kam noch einmal mit einem blauen Auge davon, denn er „verkaufte" sich vor Gericht hervorragend, zeigte sich einsichtig und zerknirscht und gab vor, sich von seinem bisherigen Umgang separieren zu wollen. So bekam er eine Bewährungsstrafe. Das gleiche Spiel wiederholte sich ein halbes Jahr später: Manfred wurde wieder das Opfer seiner Freunde, klagte sein Vater. Er wusste sich ob dieser Schlechtigkeit nicht zu fassen, tat alles für seinen Sohn. Dieser trat nun eine Therapie zum Drogenentzug an, die im Regelfall zwischen sechs Monaten und einem Jahr dauert und immens viel Geld kostet, Kosten, die allerdings nicht mehr die Eltern aufbringen mussten, sondern für die wir alle, die Gesellschaft, aufkommen müssen. Nach einigen Wochen brach Manfred die Therapie ab, die Bedingungen waren zu hart. Da wurden ihm Auflagen gemacht bezüglich der frei verfügbaren Zeit: Nach Ausgängen musste er pünktlich zurück sein, die Hausordnung des Heimes musste strengstens befolgt werden, Alkohol auf dem Zimmer war untersagt usw. Der Vater war entsetzt: Die waren dort so streng und verständnislos, die machten seinen Sohn ja kaputt! Er hatte volles Verständnis dafür, dass sein Sohn unter derart unmenschlichen Bedingungen die Therapie nicht fortsetzen wollte.

Manfreds Biographie ging nun in den vorgezeichneten Bahnen weiter. Mittlerweile ist er Ende dreißig, ohne Beruf, hat schon mehrere Haftstrafen verbüßt und lebt von seinen Eltern. Jedes Mal, wenn ich seinen Vater sehe, erklärt er mir, Manfred werde nun bald im Betrieb anfangen, er mache gerade noch diese oder jene Schulung. Sehr lange kann dieser Selbstbetrug nicht mehr aufrecht erhalten werden, denn Manfreds Vater ist siebzig Jahre alt und kann nicht unbegrenzt auf einen Nachfolger warten.

Konsequenz zum rechten Zeitpunkt – ein Segen für jedes Kind

Es lohnt sich, darüber nachzudenken, wie anders Manfreds Leben hätte verlaufen können, hätte er in seiner Kindheit die Konsequenzen von Fehlverhalten zu spüren bekommen. Falsch verstandene „Liebe" hat ihm alles Unangenehme erspart und konnte ihn doch nicht davor bewahren, sein Leben vollkommen zu verpfuschen. Nicht nur beim Lernen, sondern grundsätzlich im Leben ist es so, dass eine harmlose unangenehme Erfahrung uns viel Ärgeres ersparen kann, wenn wir sie rechtzeitig machen, nicht erst dann, wenn es zu spät ist.

Das Paradebeispiel für wirkliche Liebe und Sorge – nicht falsch verstandene Affenliebe – hat mir mein Vater mit auf den Weg gegeben. Oft hat er mir folgende Begebenheit erzählt, an die ich mich auch noch erinnere:

In meiner Kindheit gab es in meinem Elternhaus nur „richtige" Öfen. Auch unser Küchenherd wurde täglich eingeheizt. Feuer spielte eine wichtige Rolle. Mit ungefähr vier Jahren begann ich, mit Streichhölzern herumzuspielen und zu zündeln. Das machte meinen Eltern natürlich Sorgen, denn wie schnell konnte da einmal etwas Schlimmes geschehen. Als ich mit einem brennenden Streichholz einen hässlichen Fleck in den Lack unseres neuen Küchenbüfetts gebrannt hatte, wurde ich nicht etwa geschimpft. Mein Vater nahm statt dessen eine Packung Streichhölzer, zündete eines davon an, gab es mir in die Hand und sagte mir, ich solle es gut festhalten und ja nicht fallen lassen. Das tat ich auch und erst, als ich die Hitze schmerzhaft spürte und mich ein klein wenig gebrannt hatte, nahm mein Vater mir bei meinem erschreckten „Aua!“ geschwind das Streichholz ab. War das nun grausam? Ich, die ich ja schließlich die „Leidtragende“ dieser Erziehungsmaßnahme war, kann das überhaupt nicht finden. Es gehört im Gegenteil meiner Meinung nach eine gehörige Portion Unverstand dazu, nicht zu sehen, was hinter dieser vordergründig „harten“ Maßnahme steckte: der Wunsch meines Vaters, mich vor wirklichem, ernsthaftem, vielleicht nicht wieder gutzumachendem Schaden zu bewahren. Es hat genützt, denn ich rührte nach dieser Erfahrung einige Jahre lang überhaupt keine Streichhölzer mehr an und hatte vor Feuer den größten Respekt, hatte ich doch am eigenen Leib gespürt, dass es sehr schmerzhaft sein kann, ihm zu nahe zu kommen.

Faulheit und Schlamperei müssen unangenehme Konsequenzen haben – warum sonst sollte ein Kind sich davon trennen?

Liebevolle und verantwortungsbewusste Lehrer wissen, dass zu unserem Beruf auch so mühsame und wenig attraktive Aufgaben gehören wie das Schaffen eines gewissen disziplinären Niveaus und der Aufbau sorgfältiger Arbeitsweisen. Wäre das so einfach, wie manche Eltern glauben, dann würde es genügen, den Kindern einfach zu erklären, wofür das gut ist und es anschließend von ihnen zu verlangen. So läuft aber Erziehung nicht. Wir müssen im Gegenteil unsere ganze Kompetenz aufbieten, um gerade auf dem Gebiet der Disziplin und der Arbeitshaltung dauerhafte Erfolge zu erzielen. Weil bloßes Reden nur bei sehr wenigen Kindern ausreicht, muss ein Regelverstoß unangenehme Folgen haben. Hier ist die Palette der Schule nicht sehr abwechslungsreich. Wir haben Erklärung, Ermahnung und Tadel als mehr oder weniger probate Mittel zur Verfügung. Manche Lehrer werden, je nach persönlichem Temperament, vielleicht auch schnell heftig und schimpfen Kinder, die den Anforderungen nicht genügen. Das ist ein Erziehungsmittel, das mir nicht so sympathisch ist und dessen Wirksamkeit sich auch sehr schnell erschöpft. Kinder werden dann resistent gegen verbale Einwirkungen, schalten ab und machen weiter wie bisher.

Das Einzige, was so gut wie immer wirkt, sind meiner Erfahrung nach unbequeme, lästige, frustrierende Konsequenzen von Fehlverhalten.

Diese Konsequenzen zu finden und sie dann auch unbeirrt anzuwenden, das gehört zum Handwerkszeug des kompetenten Erziehers.

Einige Beispiele:

Es ist beim Einsammeln von Arbeitsblättern wichtig, dass jedes Kind seinen Namen darauf geschrieben hat, sonst sind diese hinterher nicht mehr zuzuordnen. Wenn beispielsweise von 28 eingesammelten Blättern 7 bis 8 ohne Namen sind, dann erfordert das am nächsten Tag sehr viel Zeit, durch Herumfragen, Herzeigen und Vergleichen der „namenlosen“

Blätter die richtigen Eigentümer ausfindig zu machen. Bei reinen Schreib- oder Rechenblättern gelingt das kaum, eher noch bei Blättern mit Bildern. Aber selbst da erkennen nicht alle Kinder ihre eigenen Zeichnungen am nächsten Tag wieder. Werden täglich mehrere Arbeitsblätter eingesammelt, dann kostet es unverhältnismäßig viel Zeit, nach den Urhebern der namenlosen „Schlamperblätter" zu forschen. Ich sehe darin auch nicht meine vorrangige Aufgabe, denn eine so geringe Mühe wie das Beschriften der eigenen Arbeiten kann selbst von einem Erstklässler schon verlangt werden. Wenn ich also mehrere Wochen lang die Kinder immer wieder darauf hingewiesen habe, wie wichtig dieses Beschriften ist und wenn ich während dieser Wochen auch immer unter erheblichem Zeitaufwand namenlose Arbeiten wieder verteilt habe, dann gehe ich dazu über, unbeschriftete Blätter als nicht abgegeben zu betrachten und sie wegzuwerfen. Derjenige, dessen Blatt auf meiner Liste – da namenlos abgegeben – fehlt, muss es eben noch einmal machen. Es ist erstaunlich, dass es in jeder Klasse zunächst Eltern gibt, die dieses logische und konsequente Vorgehen als Gipfel der Härte und Unmenschlichkeit empfinden. Es muss noch nicht einmal pädagogisches Fachwissen her, um zu erkennen, dass, wenn Lernen über Einsicht offenbar nicht möglich ist, nur auf dem Weg über unangenehme Konsequenzen gelernt wird, vor allem, wenn es dabei um etwas so tief Verwurzeltes wie Flüchtigkeit und Bequemlichkeit geht.

Die meisten Eltern sehen jedoch sehr schnell, dass ihre Kinder angesichts dieser unangenehmen Konsequenzen lieber ordentlich arbeiten, da das „unter dem Strich" bequemer ist, als alles noch einmal zu machen. Dennoch: Wie viele Lehrer scheuen die anfängliche Konfrontation, die konsequentes pädagogisches Vorgehen fast immer mit sich bringt, und gehen lieber den Weg des geringeren Widerstandes! Das ist auch nur zu verständlich, denn es gehören durchaus Rückgrat und auch eine gewisse Konfliktbereitschaft dazu, sich immer wieder der Diskussion mit den Eltern zu stellen, pädagogisches Vorgehen zu begründen und manchmal gegen massive Anfeindungen zu verteidigen. Da ist es recht wenig hilfreich, dass bei so gut wie allen Eltern die Einsicht in den Nutzen dieses konsequenten Erzieherverhaltens über kurz oder lang kommt. Der schulische Alltag ist anstrengend genug, auch ohne dass Lehrer dauernd gegen den Strom elterlicher Zweifel schwimmen müssen. Falls Ihr Kind also solch ein Juwel von einem engagierten und konsequenten Lehrer hat, unterstützen Sie ihn! Geben Sie ihm positive Feedbacks! Er kann es brauchen!

Erfolgsmerkmal Nummer acht:

Schüler, deren schulische Arbeit die Wertschätzung der Eltern genießt, haben bessere Chancen

Vieles, was zum Thema „Wertschätzung der schulischen Arbeit von Kindern“ passt, wurde bereits angesprochen. Dennoch soll über diesen Aspekt, der gewissermaßen die andere Seite einer Münze darstellt, deren erste Seite „Interesse an der Arbeit des Kindes“ heißt, noch einmal gesondert reflektiert werden.

Kindern Selbstwertgefühl mit auf ihren Lebensweg zu geben, gehört zu den schönsten und vornehmsten Erziehungszielen. Wer sich seines eigenen Wertes sicher ist, muss diesen nicht dauernd bestätigt sehen durch Anerkennung von außen.

Wie viele Jugendliche sind nur deshalb ein leichtes Opfer fragwürdiger Gruppen – seien das nun Sekten, politisch radikale Gruppierungen, Kreise der Drogenszene oder sonstige subkulturelle Gemeinschaften –, weil sie die Bestätigung brauchen, jemand zu sein, Wert zu besitzen. Wer es aber braucht, von außen als ein „Jemand“ anerkannt zu werden, muss sich selbst wohl als „Niemand“ empfinden. Eine Möglichkeit, Ihrem Kind ein Gefühl seines eigenen Wertes zu vermitteln, ist es, seine Arbeit ernst zu nehmen und seine Leistungen als wertvoll zu empfinden. Dabei ist es nicht wichtig, welche Noten Ihr Kind schreibt, sondern es ist wichtig, wieviel es nach seinen eigenen Fähigkeiten dazulernt.

Hansi kann immer nur mit Hansi verglichen werden und Sabine nur mit Sabine. Und wenn Hansi seine Einmaleinsreihen zuerst nicht konnte und sie dann, nachdem er gründlich gelernt und geübt hat, doch konnte, so steckt dahinter eine Leistung, die gewürdigt werden muss. Es ist sicher sehr schön für unsere Kinder, dass wir sie nur deshalb lieben, weil sie unsere Kinder sind. Aber diese elterliche Liebe ist vom Kind nicht verdient, sie ist ein Geschenk. Anerkennung und Wertschätzung hingegen, die der eigenen Leistung gelten, haben wir verdient. Sie machen uns stolz und stärken unser Selbstbewusstsein und damit auch unser Bewusstsein, selber Wert zu besitzen. Kinder arbeiten zunächst einmal nicht, weil ihnen Nutzen und Notwendigkeit des Lernens einsichtig sind, sie strengen sich an, um das zu bekommen, woran ihnen am meisten liegt: Lob und Anerkennung von Seiten wichtiger Menschen. Natürlich ist das Lob der Lehrkraft wichtig und motivierend, aber am allerwichtigsten sind die eigenen Eltern. Nichts ist schöner für ein Kind, als der Stolz und die Freude von Mama und Papa über seine Leistungen im weitesten Sinn. Bei kleinen Kindern ist es selbstverständlich, dass alle entzückt sind über die ersten Wörter, die sie lallen. Wie begeistert antworten wir, wenn die ersten kaum verständlichen Sprechversuche stattfinden. Wie stolz sind wir, wenn unser Kind einen Hund als Wawa, ein Auto als Ato und eine Blume als Bume bezeichnet. Kinder wollen Erfolge und nur deshalb unterziehen sie sich den Mühen des Lernens. Der Erfolg des Sprechenlernens besteht in der dadurch möglichen Kommunikation mit der Umwelt, vorrangig natürlich mit den Eltern. Kinder, mit denen kaum gesprochen wird, lernen auch kaum sprechen. Würden alle Eltern die ersten Lese-, Schreib- und Rechenversuche ihrer Kinder genauso wunderbar finden wie das erste Gestammel, so läge darin eine enorme Motivation zu lernen. Nehmen Sie zur Kenntnis, was Ihr Kind dazulernt und sehen Sie die Leistung, die dahintersteckt. Vermitteln Sie durch Ihr Interesse und Ihre Anerkennung, dass Sie diese Leistung und die damit verbundene Arbeit wertschätzen. Vergleichen Sie Ihr Kind nie mit anderen, sondern immer mit sich selbst. Nur so werden Sie seinen Fortschritten gerecht und können diese entsprechend würdigen. Hat Ihr Kind für gewöhnlich in seinem Heft pro Eintrag 30 Fehler und hat es nun – da fleißig geübt – nur noch 15 Fehler, dann sagen Sie um Himmelswillen nicht: „Du hast ja *immer noch* so viele Fehler, und dabei haben wir so fleißig geübt!" Voller Selbstmitleid wird dann oft noch ein ähnlicher Satz hinzugefügt wie: „Was soll ich denn *noch alles* mit dir machen!"

Ihr Kind hat sich doch *um 50 Prozent (!)* verbessert! Durch eine derart negative Äußerung wird aber diese enorme Verbesserung als nicht vorhanden hingestellt. Das könnte leicht zu einer Reaktion führen wie: „Jetzt hab ich mich so angestrengt und es hat nichts genutzt! Was soll ich denn noch alles tun! Ich mag nicht mehr!" Deshalb: Schauen Sie mit Ihrem Kind gemeinsam seine Arbeiten durch und nehmen Sie Verbesserungen zur Kenntnis. Zeigen Sie Anerkennung und Wertschätzung für das, was Ihr Kind leistet. Nur so bringen Sie es auf einen Weg, der zukunftsträchtig ist:

Es kann selber seine Erfolge und Verbesserungen wahrnehmen.
Es erlebt Wertschätzung durch die Eltern.
Es kann sich selber als zu etwas nütze, als leistungsfähig sehen.
Sein Selbstwertgefühl wird stabilisiert.
Es kann sich aufgrund seiner Leistungen als wertvoll erleben und muss nicht anderweitig Bestätigung suchen.

Das Paradoxe am subjektiven Einschätzen der eigenen Leistung ist: Nicht jeder Schüler, der gute Noten und damit im vordergründigen Sinn „Schulerfolg“ hat, erlebt sich selbst als erfolgreich oder wertvoll. Das setzt voraus, dass er sich erst einmal als wertgeschätzt durch wichtige Bezugspersonen erleben durfte. Ohne den Input der Wertschätzung durch geliebte Menschen kann es nicht zum Output der eigenen Wertschätzung, also zum Selbstwertgefühl, kommen.

Und ein weiterer entscheidender Vorteil geht mit einem soliden Selbstwertgefühl einher: Nur wer sich seines Wertes grundsätzlich sicher ist, kann sich auch mit seinen Fehlern und Defiziten auseinander setzen. Da Lernen zu einem großen Teil über das Erkennen und Verbessern von Fehlern geschieht, müssen wir uns, um wirklich erfolgreich zu sein, diesen Fehlern auch stellen.

Nicht die zwanghaft perfekte Leistung ist erstrebenswert, sondern die motiviert und gerne erbrachte Leistung, die es uns auch wert ist, uns dafür anzustrengen und ausdauernd „am Ball“ zu bleiben.

Um aber ein Leben lang Freude an der eigenen Leistung zu haben und so nicht nur in der Schule, sondern auch im Leben wirklich erfolgreich sein zu können, auf der festen Basis einer stabilen Persönlichkeit, ist ein solides Selbstwertgefühl eine entscheidende Voraussetzung. Dass Ihr Kind dieses entwickeln kann, dazu tragen Sie als Eltern entscheidend bei. Die Schule kann Ihren Bemühungen bestenfalls assistieren.

Die Eltern als Coach –
so begleiten Sie den Schulalltag Ihres Kindes effektiv und nervenschonend

Unser Kind kommt in die Schule – ein großer Tag

Während in so genannten „primitiven“ Kulturen die Übergänge von einer Lebensphase in die nächste durch feierliche Initiation begangen werden, finden diese in unserer westlichen Zivilisation allmählich statt, fast schleichend, und manche Eltern stellen eines Tages erstaunt und oft auch ein wenig erschrocken fest: Unser Kind wird erwachsen. Einer der wenigen Übergänge, die auch bei uns deutlich markiert sind und somit die Gelegenheit zu einem feierlichen Ritual bieten, ist der Schulbeginn unserer Kinder. Da gibt es zuerst einmal eine Reihe von Anschaffungen, die diesen neuen Lebensabschnitt markieren: Eine Schultasche, ein Federmäppchen, Hausschuhe für die Schule, verschiedene Schulsachen und – für den großen Tag als deutliches Zeichen, das jeder versteht – eine Schultüte. Dann wird der Tag selbst noch festlich begangen: In der Schule werden die Schulkinder empfangen, vom Rektor begrüßt, die größeren Kinder singen ein Lied oder spielen etwas vor. Dass hier ein neuer Lebensabschnitt beginnt, wird deutlich signalisiert, und so fühlen sich auch die frisch gebackenen ABC-Schützen. Gerade in diesem so deutlich markierten Neuanfang liegt eine enorme Chance für Eltern, mit ihrem Schulkind vom ersten Schultag an ein „neues Leben“ zu beginnen, das unter dem Zeichen ernsthafter Arbeit und kontinuierlicher Anstrengung steht. Wenn vom ersten Schultag an thematisiert wird, dass ein Kind als Zeichen seiner neuen Würde nun eine Reihe von Pflichten gewissenhaft erledigen muss, so wird es das gerne tun und gar nicht auf die Idee kommen, es könne als Schulkind noch das Leben eines Kindergartenkindes führen. Das will es eigentlich ja auch gar nicht, denn es möchte seinem neuen Status gerecht werden, erwartet allerdings auch von seiner Umwelt, dass dieser zur Kenntnis genommen, respektiert und anerkannt wird.

Lernen soll Freude bereiten, aber es ist kein Spaß

Wir leben in einer Freizeit- und Fungesellschaft, in der das Vergnügen des Einzelnen, das rücksichtslose Ausleben individueller Wünsche und Neigungen zu gesellschaftlich akzeptierten Lebenszielen geworden sind, während so unpopuläre und altmodische Werte wie Fleiß, Pflichterfüllung und Anstrengungsbereitschaft eher gering geachtet werden. Dass wir damit in einer Sackgasse landen, zeichnet sich bereits deutlich ab. Aber selbst wenn wir uns nicht um gesellschaftliche Konsequenzen, sondern nur um unser individuelles Schicksal oder besser das unserer Kinder kümmern, bietet uns die Konzentration auf rein egoistische Motive und Zielsetzungen keine rosige Lebensperspektive. Allein die Tatsache, dass in unserer Gesellschaft die psychischen Erkrankungen radikal auf dem Vormarsch sind und immer mehr Menschen professionelle Lebenshilfe durch Psychologen und Psychotherapeuten und medikamentöse Unterstützung durch Psychopharmaka brauchen, zeigt, dass Freizeitvergnügen und finanzielles Wohlergehen alleine wohl doch nicht ausreichen, um ein erfülltes Leben zu führen. Das Streben nach Spaß allein bietet keine Perspektive. Umso weniger ist es zu verstehen, dass von Schule immer noch erwartet wird, sie solle in erster Linie Spaß machen. Kommen derart törichte Vorstellungen von professioneller Seite, so ist das schlimm, denn Pädagogen müssten es eigentlich besser wissen. Kommen sie von bildungspolitischer Seite, so ist das natürlich auch schlimm, denn hier wird mit billigem Populismus nach der Wählergunst geschielt und die Ware „Bildung“ nicht als Wert an sich, sondern als wohlfeiles Mittel zum Zweck gesehen.

Dass Eltern lieber den Versprechungen der Spaßpädagogik als den ernsthaften Vorstellungen qualifizierter Pädagogen glauben wollen, ist verständlich. Wenn das Ganze dann doch nicht so klappt, wie man sich das wünschen würde, ist allerdings die Ernüchterung groß. Rechtschreibwörter und Einmaleinsreihen prägen sich eben nicht durch irgendwelche kurzlebigen Gags ein, sie müssen durch ernsthaftes Lernen mühsam erworben werden.

Wie verhängnisvoll der Trend zur Spaßpädagogik ist, zeigt Josef Kraus in seinem gleichnamigen Buch gründlich und fachlich fundiert auf.[9] Hier ein kurzer Ausschnitt daraus:

„Spaß und Selbstsucht statt Leistung und Anstrengung

Vergnügen, Zeitvertreib, Stimmung, gute Laune, Animation, Genuss – das sind üblicherweise Verlockungen der Werbe-, Freizeit- und Urlaubsindustrie. Schule war bislang kaum in den Verdacht geraten, ähnliche Verheißungen parat zu haben, geschweige denn erfüllen zu können. Das hat sich geändert. Schule soll offenbar sogar in erster Linie Spaß machen – von Freude ist selten die Rede – und dabei den „ganzen alten Krempel an Paukerei, Schinderei und Leistung“ über Bord werfen.

Schule soll Freude machen: Freude an neuem Wissen und Können, Freude an eigenen Fortschritten, Freude an der eigenen Neugier, Freude am gemeinsamen Lernen mit anderen. Schule darf auch Spaß machen. Richtig, zur passenden Zeit! Schule ist aber kein Freizeitpark und kein Animationsunternehmen. Schule kann nicht zum Phantasia-Land oder zur unterhaltsamen Überbrückung der Zeit zwischen den Ferien verkommen. Damit ist niemandem gedient, damit vergreift man sich eher an der Zukunft der Jugend, als sie zu fördern. Schule muss also auch zur Anstrengung anhalten. Will Schule auf Leben und Beruf vorbereiten, dann geht das nicht ohne Mühe, nicht ohne Lernen, nicht ohne soliden Fachunterricht, nicht ohne Leistung.

Leistung als anthropologische Konstante

Spaßschule wirft … ein ganzes Menschen-, Gesellschafts- und Weltbild über Bord. Denn das zum Abschuss freigegebene Leistungsprinzip ist ein menschliches Grundprinzip, und übrigens ein abendländisch-christliches Gebot. Man denke nur an das christliche Bild von Arbeit und an die Aufforderung zur Nutzung der eigenen Talente. Das Leistungsprinzip besagt erstens, dass Leistung Ausdruck des Höchstindividuellen sowie Motor und Ergebnis freier Persönlichkeitsentfaltung ist, dass Leistung Angebot ist, seines Glückes Schmied zu sein und dass Leistung Chance ist, Glück nicht als das Glück eines Lottotreffers oder einer Glückspille, sondern als das Glück nach Verzicht und Anstrengung erleben zu dürfen. ***Deshalb ist Leistungsfeindlichkeit ein Anschlag auf das Grundrecht der freien Persönlichkeitsentfaltung und auf das Recht auf Streben nach Glück.“*** *(Hervorhebung von der Autorin)*

Der Ernst des Schullebens – von Anfang an

Nie wieder haben Sie als Eltern eine derartige Chance, Ihrem Kind zu einer erfolgreichen Schullaufbahn zu verhelfen wie ganz am Anfang seines Schülerdaseins. Gerade weil mit der Einschulung ein völlig neuer Abschnitt beginnt, etwas nie vorher Dagewesenes, wird Ihr Kind akzeptieren, dass manches in seinem Leben nun einfach anders ist. Haben sich negative Gewohnheiten, Faulheit, Hausaufgabenschlendrian und schlampige Arbeitshaltung erst einmal ausgebildet, so ist es unendlich viel schwieriger, Veränderungen zu bewirken als diese Gewohnheiten gar nicht erst entstehen zu lassen. Es ist wie bei allem in der Kindererziehung: Was ein Kind von Anfang an nicht anders kennt, muss nicht diskutiert und durchgesetzt werden: Es ist einfach so. Meine Tochter Maximiliane bekam zum Beispiel von Anfang an, bereits als Baby und Kleinkind, nie etwas anderes zu trinken als ungesüßten Früchtetee und Wasser. Sie wusste gar nicht, dass es andere Getränke gibt. Es war für uns nie ein Problem, sie von Cola- oder Limogenuss abzuhalten, weil sie daran nicht gewöhnt war und überhaupt kein Bedürfnis danach hatte. Selbst heute, als Erwachsene, trinkt sie keine süßen Getränke. Sie ist mir sehr dankbar dafür, dass sie von klein auf, ganz selbstverständlich und ohne erzieherische Kämpfe, auf diesen vernünftigen Weg gebracht wurde. Anders war es bei der Tochter einer Bekannten, die auf Anordnung des Kinderarztes wegen eines Darmleidens nur noch ungesüßte Getränke oder Wasser bekommen sollte. Da sie bisher ausschließlich Fanta und Cola, gelegentlich einmal süßen Fruchtsaft, getrunken hatte, führte die plötzlich von ihr verlangte Abstinenz zu den größten Problemen und beschwor geradezu häusliche Dramen herauf. Nun gab es hier aber nicht die Möglichkeit, einfach nachzugeben und dem Kind die bisher gewohnten Getränke zu erlauben, denn die Darmbeschwerden waren massiv. Unsere Bekannte sah sich also plötzlich in die Zwangslage versetzt, sich erzieherisch konsequent verhalten zu müssen und hatte in der Folgezeit viele Schwierigkeiten mit ihrer Tochter.

Was sie erlebte, ist geradezu typisch für alle Arten von Situationen, in denen Erzieher etwas einfordern müssen, was bisher nicht nötig war und was vom Kind als unangenehm empfunden wird. Verzicht heißt das Stichwort hierzu, und dieser Verzicht fällt schwer. Besonders unsere „modernen" Kinder sind daran überhaupt nicht gewöhnt. Ob das nun der Verzicht auf einen Nahrungsmittelgenuss oder der Verzicht auf den frei zur Verfügung stehenden Nachmittag ist, spielt keine Rolle. Etwas aufzugeben ist immer schwieriger als etwas überhaupt gar nicht erst zu haben.

Wenn Ihr Kind ein Schulkind geworden ist, so ergibt sich mit diesem Wechsel in einen neuen Lebensabschnitt eine einmalige und so günstig nie mehr wiederkehrende Chance, den Tagesablauf und auch verschiedene andere Bereiche anders zu organisieren, eben schulkindartig. Ergreifen Sie diese Gelegenheit, lassen Sie sie nicht ungenutzt verstreichen. Bereits einige Monate nach Schulbeginn haben Sie es schwerer, manches Notwendige durchzusetzen.

Alles, was Sie von Anfang an richtig machen können, ist im folgenden Abschnitt in einer Reihe von Merksätzen aufgelistet, die für Ihr Schulkind griffig und einfach formuliert sind. Kinder brauchen klare Vorgaben, das gibt ihnen Sicherheit.

Ein Schulkind braucht genügend Schlaf und muss abends zeitig ins Bett

In manchen Familien ist das abendliche Zubettgehen der Kinder eine nerven- und zeitraubende Angelegenheit. Glücklich die Eltern, die mit dem richtigen pädagogischen Instinkt ihren Kindern von klein auf durch ein gleichbleibendes Abendritual das sanfte Hinübergleiten in den Schlaf erleichtert haben. Alles, was täglich auf immer gleiche Weise abläuft, entwickelt eine Eigengesetzlichkeit, muss nicht mehr diskutiert werden, sondern ist einfach so. Wenn es jeden Abend erneut Diskussionen gibt, ob jetzt schon Schlafenszeit sei oder ob man nicht doch noch aufbleiben könne, haben im Regelfall die Eltern etwas falsch gemacht. (Es mag sicher Fälle geben, in denen durch eine Krankheit des Kindes oder andere besondere Umstände das Zubettgehen plötzlich eine neue Dimension erhält. Wir sprechen hier aber von den Normalfällen.)

Nutzen Sie also die „Gunst der Stunde“ und programmieren Sie das Zubettgehen richtig: Ein Schulkind braucht genügend Schlaf und geht deshalb um sieben Uhr (oder spätestens acht Uhr) ins Bett. Es passt sehr gut, wenn Sie abends mit Ihrem Kind noch über den kommenden Tag sprechen, ihm eine Geschichte vorlesen – und bei dieser Gelegenheit manchmal auch darauf hinweisen, wie toll das wird, wenn es nun bald selber lesen kann –, wenn Sie ihm auch noch ein Schlaflied singen und so, falls das nicht schon in der Kleinkindzeit geschehen ist, ein Ritual aufbauen, das es Ihrem

Kind erleichtert, den Tag loszulassen, sich zu entspannen und einzuschlafen.

Ein Schulkind muss am Vormittag viel leisten und braucht deshalb ein gutes Frühstück und das richtige Pausenbrot

Zucker ist „Gehirngift“, darüber habe ich schon gesprochen. Sie haben nun die einzigartige Gelegenheit, Ihr Kind weg vom Nutella- und Zitronenteefrühstück hin zu einem ernährungsphysiologisch wertvollen Frühstück und zu einem ebensolchen Pausenbrot zu lenken. Seien Sie von Anfang an konsequent und lassen Sie Ihre Argumentationslinie nicht aufweichen: Ihr Kind muss konzentriert lernen und dafür eignen sich eben bestimmte Nahrungsmittel ganz und gar nicht.

Streichen Sie dauerhaft von der Frühstücks- und Pausenliste:

süße Getränke (unverdünnte Säfte, Limonaden, Fruchtsaftgetränke, süße Milchgetränke)
süße Brotaufstriche (wie z. B. Nougataufstrich)
weiße Brötchen und weißen Toast
die meisten Frühstückscerealien (schauen Sie im Zweifelsfall auf die Zutatenliste)
süße Riegel und Milchschnitte
Fruchtzwerge und süßen Quark
süßen Joghurt
fast alle Minisalamis (auf der Zutatenliste finden Sie ein oder mehrere E)
Junk Food wie: geröstete Erdnüsse, Salzletten usw.
Fertige Snackmischungen wie z. B.: Cracker mit Dips und Käseecken (Zutatenliste!)
Kekse und Schokolade

Bei einem Gespräch über Pausenbrote höre ich immer wieder: Aber dann isst mein Kind mir ja gar nichts, wenn ich ihm nicht … mitgebe.

Da käme es erst einmal auf einen Versuch an, meine ich. Vor Jahren gab es in unserem Bekanntenkreis einige Kinder, die beim Essen ausgesprochen mäkelig waren, schmal und unlustig am Tisch saßen und von ihren Müttern die Mahlzeiten häppchenweise hineingenötigt bekamen. In all diesen Fällen waren es die Mütter, die baten und flehten, das Kind möge doch „wenigstens ein bisschen was" essen. Im Zusammenhang mit der Essensproblematik hörte ich damals unglaublich unvernünftige Statements, zum Beispiel:

„Andi kriegt nach dem Essen immer ein Eis, da isst er mir wenigstens einen Löffel Milch!"

Ich wurde als sehr verständnislos angesehen, als ich zu dieser Bekannten sagte: „Andi isst doch nicht ‚dir' was, er isst sich selber was und das kannst du sowieso nicht mit Gewalt lenken, also lass es lieber! Außerdem solltest du dich einmal informieren, wieviel Nützliches von dem bisschen Milch im Speiseeis noch bleibt bei dem vielen Zucker, der da drinnen ist!"

Eine andere Bekannte lief ihrem Sohn, der das Mittagessen verweigerte, buchstäblich mit einer Packung Kartoffelchips hinterher und bettelte: „Dann iss doch wenigstens ein paar Chips, wenn du sonst nichts magst!"

Diese und viele andere besorgte Mütter, die es mit ihren Kindern sicher gut meinen, sind schlecht beraten, sich so von ihnen vorführen zu lassen. Der ausbleibende Erfolg zeigt es deutlich: Irgend etwas läuft da falsch.

Satt zu werden gehört zu den elementaren Lebensbedürfnissen und deshalb wird ein Kind angesichts eines gedeckten Tisches und eines vollen Kühlschrankes bestimmt nicht Hunger leiden. Eine Mutter, die sich so leicht manipulieren und in Panik versetzen lässt, fordert natürlich zu Höchstleistungen heraus und so sind – das ist jammerschade – viele unlustige und mäkelige Esser einzig und allein das Ergebnis zu angestrengter mütterlicher Bemühungen. Mag ein Kind einmal weniger essen oder meint es, bockig sein zu müssen, so ist das kein Grund zur Panik. Es wird das Versäumte bei der nächsten Mahlzeit oder dann, wenn der Hunger groß genug ist, schon nachholen. Ein gesundes Kind verhungert nicht und die meisten Kinder sind gesund und nehmen durch eine ausgefallene Mahlzeit auch keinen Schaden.

Dass viele Essensprobleme nur „hausgemacht" sind, erweist sich oft, wenn junge Leute an die Uni kommen und dort in der Mensa vor die Wahl gestellt, das Mensaessen zu akzeptieren oder zu hungern, gar keine andere Möglichkeit haben, als ihre Mäkeligkeit über Bord zu werfen und das zu tun, was sie bei entsprechender Erziehung schon viel früher gemacht hätten: zu essen, wenn sie hungrig sind.

Um auf das Pausenbrot zurückzukommen: Die Palette vernünftiger Nahrungsmittel ist so groß, dass es für jedes Kind etwas Akzeptables gibt.

Es muss Ihnen ernst sein mit Ihrem Wunsch, Ihr Kind auf sinnvolle Pausenernährung umzustellen, dann werden Sie es auch schaffen. Und da Süßigkeiten nicht völlig gestrichen werden müssen, sondern nur maßvoll und zum richtigen Zeitpunkt konsumiert werden sollen, können Sie auch leichter argumentieren. Es handelt sich ja nicht um ein grundsätzliches Verbot, sondern nur um ein für das Lernen günstigeres Arrangement.

Ein Schulkind hält seine Schulsachen in Ordnung

Bereits am Zustand der Schulsachen lassen sich „gute" Schüler erkennen. Ist es von Anfang an selbstverständlich, Ordnung in den Schulsachen zu halten, so wird das Lernen leichter. Wer seine Hefte nicht findet, ungespitzte Stifte hat, beim Schreiben mit Eselsohren kämpfen muss und nicht weiß, welche Hausaufgaben er hat, wird schlechtere Ergebnisse erzielen als ein Schüler, bei dem das anders ist.

Es gibt nur sehr wenige Kinder, die in der Grundschulzeit bereits so weit kommen, ihr Lernen eigenverantwortlich und ohne Hilfe organisieren zu können. Wir Lehrer hören oft von Eltern: „Aber mein Kind muss doch selbstständig werden!", und genauso häufig antworte ich dann immer: „Selbstständig werden, richtig, das ist ein wunderbares Ziel. Aber dabei müssen wir – vor allem die Eltern – helfen, sonst wird das nichts und das Kind bleibt wahrscheinlich auch in den höheren Klassen chaotisch in seiner Arbeitsweise."

Wie können Sie nun Ihrem Kind von Anfang an helfen, seine Sachen in Ordnung zu halten und damit den Überblick zu bewahren? Das ist eigentlich ganz einfach und bedarf nur des ernsthaften Willens und der Konsequenz von Ihrer Seite. Räumen Sie jeden Tag nach der Hausaufgabe mit Ihrem Kind zusammen den Schulranzen ein und gehen Sie dabei nach Ihrer persönlichen Checkliste vor, die so aussehen könnte:

Kontrolle des Federmäppchens:
Ist alles vollständig da, und sind alle Stifte gespitzt?

Kontrolle der Schultasche:
Liegen keine losen Papierblätter in der Tasche? Sind alle Pausenbrotreste entfernt?

Kontrolle der Mappen und Hefte:
Sind alle Hausaufgaben erledigt? Sind Blätter ordentlich eingeheftet? Gibt es irgendeinen Elternbrief oder eine Mitteilung?

Kontrolle des Hausaufgabenheftes (sobald eines geführt wird, was am Anfang der 1. Klasse wahrscheinlich noch nicht der Fall ist): Ist alles erledigt? Gibt es für morgen etwas mitzubringen?

Einräumen der Tasche:
Hefte und Mappen werden so hineingelegt, dass es keine umgebogenen Ecken und Eselsohren gibt.

Hat Ihr Kind sich erst einmal an dieses Ritual des Ordnens und Herrichtens gewöhnt, das übrigens nur wenige Minuten in Anspruch nimmt, wird es dieses auch immer öfter selbstständig durchführen und ist damit auf dem besten Weg, ein Schüler zu werden, der sich eigenverantwortlich um seine Angelegenheiten kümmert. Das wiederum ist eine der wesentlichen Voraussetzungen für Schulerfolg.

Ein Schulkind erledigt zuerst seine Hausaufgaben, bevor es zum Spielen geht

Freunde unserer Familie, die auf dem Land leben, haben eine reizende Nachbarin: eine fünfundsechzigjährige Frau, die sechs Kinder großgezogen hat, Haus und Garten vorbildlich in Ordnung hält und sich etwas dazu verdient, indem sie im nahe gelegenen vornehmen Kurstift einige alte Patienten betreut. Diese Frau beeindruckt mich, weil sie immer heiter ist und alles, was sie tut, mit Freude erledigt. Darauf angesprochen, erzählte sie mir, dass es zu ihren Lebensgrundsätzen gehört, das, was sie ohnehin machen müsse, die tägliche Arbeit also, gar nicht erst zu hinterfragen, sondern es ohne Trödeln einfach zu tun, und zwar prinzipiell das am wenigsten Geliebte zuerst, denn, so sagte sie wörtlich, „dann freu ich mich, weil ich das schon hab!" Und stolz setzte sie hinzu, ihre siebzehnjährige Enkeltochter, „mein Enkerl", wie sie sie liebevoll nannte, habe sich dieses Prinzip ebenfalls zu eigen gemacht, denn ihr habe sie von klein auf gesagt: „Weißt, Evi, das, was du gar nicht magst, musst allerweil zuerst machen! Es ist so schön, wenn du's weg hast!"

Darin steckt tiefe Weisheit: Etwas Lästiges kann uns, wenn wir es hinter uns gebracht haben, zum Quell der Befriedigung werden, ist es doch ein gutes Gefühl, gerade so etwas bereits erledigt zu haben. Es kann uns aber auch, wenn wir es vor uns herschieben, immer noch ein wenig und noch ein wenig, den ganzen Tag verderben. Denn alles, was wir an Angenehmem tun oder erleben, wird überschattet von der Gewissheit: Ich muss ja noch ...! Und so können wir uns an nichts recht freuen und nichts genießen. Was uns im Hintergrund auch noch plagt, ist zudem nicht nur das Bewusstsein, etwas Unbequemes noch erledigen zu müssen, sondern das – meist verdrängte – schlechte Gewissen: Eigentlich müsste ich ja zuerst ...!

So geht es vielen Kindern mit den ungeliebten Hausaufgaben: Sie wissen genau, dass diese gemacht werden müssen und wollen sich doch vor ihnen drücken, solange es geht. Dass bei dieser Praxis, wenn sie erst einmal monate- oder gar jahrelang ausgeübt wurde, Schule irgendwann grundsätzlich emotional negativ besetzt wird und immer mehr den Stellenwert einer unangenehmen, tunlichst zu meidenden Last erhält, ist eigentlich nur die logische Konsequenz einer Entwicklung, der zunächst einmal – denn sie beginnt ja schleichend – viele Eltern tatenlos zusehen. Vielleicht wird sich jetzt in Ihnen, falls Sie auch zu den vielen unter Hausaufgabenstress leidenden Eltern gehören, die empörte Reaktion melden: „Ja, was soll ich denn machen! Ich sag ja immer: Mach deine Hausaufgaben! Aber das Theater müssten Sie sehen!“

Genau das ist der springende Punkt: Appelle nützen in den seltensten Fällen etwas. Und wenn die Milch erst einmal verschüttet ist, wird es schwer, den Schaden zu reparieren. Andererseits fällt es so leicht, negative Entwicklungen in ihrem Anfangsstadium zu stoppen.

Bezogen auf die Hausaufgaben heißt das: Wenn von Anfang an ein bestimmtes Hausaufgabenritual eingeführt wird, muss dieses Thema nicht täglich erneut diskutiert werden, und sowohl Eltern als auch Kind ersparen sich manche Unannehmlichkeit.

Wann ist nun der beste Zeitpunkt für die Hausaufgaben?

Das ist sicher von Kind zu Kind verschieden. Es ist bestimmt vernünftig, zwischen Schule und Hausaufgaben eine Pause einzulegen. Was sich allerdings in allen mir bekannten Fällen als kontraproduktiv erwies, war eine Spielzeit *vor* den Hausaufgaben. Kinder, die erst einmal in ein Spiel vertieft sind, wollen damit nicht mehr aufhören, um nun ihre Pflichten zu erledigen. Es fällt uns Erwachsenen schon schwer, nach dem „Vergnügen“ auf „Arbeit“ umzuschalten. Wenn ich als begeisterte Leserin ein faszinierendes Buch vor mir habe, schaffe ich es nur unter Aufbietung all meiner Disziplin, dieses wegzulegen, um beispielsweise Hefte zu korrigieren oder etwas anderes, weniger Attraktives zu machen. Da gestatte ich mir in einer Arbeitspause lieber nur einen Blick in die Zeitung, die lege ich leichter wieder aus der Hand.

Eine Erholungspause vor den Hausaufgaben könnte in einer ausgedehnten Mittagsmahlzeit bestehen, bei der hinterher noch mit dem Kind geplaudert wird. Das Kind kann der Mutter auch in der Küche Gesellschaft leisten, sich mit einem Haustier beschäftigen, ein bisschen lesen oder malen oder auch einfach nur nichts tun, wenn es das schafft. Hier einen vernünftigen Modus zu finden, gelingt bestimmt.

Für viele Kinder genügt bereits das Mittagessen als Pause, damit sie hinterher mit frischer Energie an ihre Hausaufgaben gehen. Wie auch immer – der Zeitraum zwischen Nachhausekommen und Hausaufgaben sollte nicht zu ausgedehnt sein, sonst fällt der Anfang schwer. Jede Kontinuität hingegen, alles, was täglich auf gleiche Weise abläuft, entfaltet eine Eigengesetzlichkeit, wird so zum Selbstläufer und verlangt uns nicht immer wieder aufs Neue die Energie der frisch zu treffenden Entscheidung ab. Es ist einfach so, basta!

Ein Schulkind weiß: Schule geht vor

Es ist eine alltägliche Szene in unseren Klassenzimmern: Beim Einsammeln der Hausaufgaben hat irgendein Kind keine oder nicht alle Aufgaben und entschuldigt sich dann mit etwas wie: „Wir waren gestern so lange beim Einkaufen (beim Reiten, bei der Oma – die „Events“ sind beliebig austauschbar), da bin ich nicht mehr dazu gekommen!“ Schulische Pflichten werden oft auf die sehr leichte Schulter genommen. Dass das schulische Wohl oder Wehe nicht von einer einzigen Hausaufgabe abhängt, ist klar. Man könnte deshalb meinen, es sei doch egal, ob einmal eine Hausaufgabe ausfalle oder nicht. Die Hausaufgabe selbst ist hier jedoch nicht das Wichtige. Wenn ein Kind wegen Krankheit einige Tage lang keine Aufgaben erledigen konnte, muss es deshalb auch noch lange nicht hinter den anderen zurückbleiben. Worum es hier geht, und das ist sehr wohl entscheidend für schulischen Erfolg oder Misserfolg, das ist die Einstellung zur Arbeit.

Schulische Pflichten sind Pflichten, die nicht diskutiert werden können. Deshalb müssen Eltern sich sehr gut überlegen, wie schnell sie einem Kind erlauben, diese Pflichten zu vernachlässigen. Kinder, die erleben, dass ein Kaffeebesuch, ein Einkaufsbummel oder sonstige außerschulischen Aktivitäten genügen, um schulische Angelegenheiten hintanzustellen, erhalten eine wirksame und unter Umständen auch verhängnisvolle nonverbale Botschaft: Die Aktivität X oder Y oder Z ist wichtiger als deine Schule.

Es gibt in Bayern einen bekannten Witz: Ein Junge kommt mit dem Zeugnis nach Hause, das verheerend ausgefallen ist. Es wimmelt nur so von Fünfern und Sechsern. Der Vater will schon zu einer vernichtenden Strafpredigt ansetzen, da sagt der Junge: „Aber gell, Papa, die Hauptsache ist, wir sind gesund!"

Wenn Schule bei allem, was sie Eltern und Kindern an Pflichten abverlangt, ganz weit hinten kommt und erst dann, wenn es um Noten und Übertrittszeugnisse geht, plötzlich einen so enormen Stellenwert erhält, dass sich in manchen Familien regelrechte Dramen abspielen, dann ist das sehr schwer zu verstehen. Es ist Kindern leicht klarzumachen, dass schulische Pflichten Vorrang vor anderen Aktivitäten haben. Hinter dieser Auffassung müssen die Eltern allerdings wirklich stehen. Lippenbekenntnisse werden von unseren Kindern sehr schnell als solche erkannt. Eltern, die eine Hausaufgabe als eine Marotte des Lehrers betrachten und meinen, diese sei beliebig auch einmal zu streichen, setzen am falschen Ende an: Sie schlagen den Sack und meinen den Esel, oder anders ausgedrückt: Ihre Missachtung des Lehrers oder seiner fachlichen Kompetenz oder auch der Schule schlechthin führt dazu, dass Sie Ihrem Kind schaden. Eine nicht erledigte Grundschulhausaufgabe hinterlässt rein vordergründig sicher noch keine Wissenslücken. Nicht gelernte Lateinvokabeln oder nicht geübte Matheformeln jedoch können am Gymnasium entscheidend sein. Aber machen Sie einem 14-jährigen Gymnasiasten klar, dass jetzt auf einmal Hausaufgaben wichtig sein sollen, nachdem er seine ganze Grundschulzeit hindurch erfahren hat, wie lässig Sie schulischen Pflichten gegenüberstehen. Sie werden feststellen: Der Zug ist abgefahren.

Arbeiten Sie deshalb an einer positiven Einstellung Ihres Kindes seinen Pflichten gegenüber, solange es noch leicht geht und solange Sie in der Lehrerin Ihres Kindes kompetente und engagierte fachliche Unterstützung finden. Und wenn Sie ihm einmal erlauben, seine Hausaufgaben nicht zu machen, dann überlegen Sie sich, ob wirklich ein ernsthafter Grund hierfür vorliegt, damit Ihr Kind nicht die falschen Signale erhält. Es schadet einem Kind nicht, wenn es ausnahmsweise seine Hausaufgaben einmal abends erledigt oder vielleicht sogar am nächsten Tag dafür früher aufsteht. Sie signalisieren ihm mit einem derartigen Sonderarrangement auch noch, wie sehr Sie seine Aufgaben wertschätzen und für wie wichtig Sie diese halten. Warum das wiederum von Bedeutung ist, wurde bereits ausführlich besprochen.

Ein Schulkind darf Fehler machen und lernt aus seinen Fehlern

Kinder müssen lernen, auch mit Fehlern positiv umzugehen. Das klingt zunächst vielleicht sonderbar: Fehler gelten doch gemeinhin als etwas, das tunlichst vermieden werden soll. Nun hat diese Auffassung allerdings etwas für das Lernen nicht Ungefährliches an sich: Wer auf Nummer sicher gehen möchte, wird sich nur auf Bewährtes verlassen, das nachmachen, was ihm vorgemacht wurde, aber selbst keinerlei Risiken eingehen. Auf diese Weise sind jedoch Denkfortschritte nicht zu erzielen und Probleme nicht zu lösen. Der reine Nachmacher und Reproduzierer bewegt sich auf der Notenskala um die Vier herum. Er bleibt geistig in einem eng umrissenen Bereich stecken.

Die Chance zur Weiterentwicklung bietet sich erst, wenn wir vorgefertigte Pfade verlassen. Sicher werden in der Schule auch Fehler gemacht, die überflüssig sind und nichts mit geistiger Beweglichkeit, sondern eher mit Schlamperei und zu geringer Sorgfalt zu tun haben. Aber auch diese Fehler besitzen ihre Bedeutung: Zeigen Sie uns doch, wo bei einzelnen Kindern individuell mit einem gezielten Training angesetzt werden muss.

Doch genau hier liegt der Pferdefuß, der verhindern kann, dass aus Fehlern Lernchancen werden: Man muss sich mit den bereits gemachten Fehlern auseinander setzen und darüber nachdenken, warum sie einem unterlaufen sind. Wenn eine Köchin die Suppe versalzt und davon – das ist natürlich sehr unwahrscheinlich! – nichts erfährt, wird sie beim nächsten Mal mit dem Salz nicht sparsamer umgehen, warum auch?

Nehmen Kinder ihre Fehler nicht zur Kenntnis, können sie aus ihnen nichts lernen.

Hier sind Sie als Coach gefragt. Es gibt zwei Stufen des konstruktiven Umgangs mit Fehlern.

Stufe eins der Verbesserung

Gewisse Fehler sollten bereits bei der Hausaufgabe von Ihnen mit dem Kind besprochen und anschließend verbessert werden. Das sind alle Fehler, die auf mangelnde Sorgfalt zurückzuführen sind, also Form- und Schreibfehler (siehe hierzu auch S. 63 ff.). Ich habe bereits ausgeführt, dass ein Feedback, das über die Korrektur der Lehrkraft frühestens zwei Tage nach derartigen Fehlern beim Kind ankommt, nur noch wenig Sinn hat. Hier muss sofort verbessert werden, dann ist beim Kind die unmittelbare Rückkoppelung zwischen Verbesserung und Fehler möglich und ein Lernfortschritt wahrscheinlicher. Hüten Sie sich jedoch vor Vorhaltungen oder gar Beschimpfungen. Es genügt, sachlich über Fehler zu sprechen und die Konsequenz daraus einzufordern: Was falsch ist, wird noch einmal gemacht.

Lassen Sie sich auch von der Lehrkraft Ihres Kindes beraten, wie Sie mit seinen typischen Fehlern umgehen sollen. Es gibt sinnvolle Lernstrategien, die Ihnen die Lehrerin verraten kann.

Stufe zwei der Verbesserung

In der Grundschule werden Hefte und Arbeitsblätter regelmäßig korrigiert. Nie wieder wird Ihr Kind in späteren Schuljahren einen derartigen Service genießen. Deshalb sind Sie gut beraten, wenn Sie daraus auch so viel Nutzen wie möglich ziehen. Korrekturen sind als Hilfen gedacht, nicht als Racheakte oder Zeichen der Frustration von Seiten des Lehrers. Sie können jedoch nur dann ihren Sinn erfüllen, wenn sie zur Kenntnis genommen und reflektiert werden. Die wenigsten Kinder können das alleine. Deshalb müssen Sie unbedingt –

falls Sie Ihrem Kind zu diesem sehr individuellen Lernerfolg verhelfen wollen – mit ihm gemeinsam täglich alles ansehen, was an korrigierten Arbeiten zurückgegeben wurde. Oft stehen Hinweise unter den Einträgen. Überlegen Sie, wie diese Hinweise beachtet und ähnliche Fehler bei der nächsten Aufgabe vermieden werden können. Fragen Sie die Lehrerin, ob Sie das Übungsheft auch benutzen können, um Kommentare oder Fragen an die Lehrerin hineinzuschreiben. Ich persönlich mag das gerne, sehe ich daran doch, dass meine Korrekturen und Anmerkungen zur Kenntnis genommen und bedacht werden. Gerade weil wir Lehrer so viele Kinder zu betreuen haben, ist es nur verständlich, dass wir unser besonderes Augenmerk und unsere Mühe auch eher dorthin lenken, wo uns von Seiten des Elternhauses konstruktive Mitarbeit signalisiert wird.

Helfen Sie also Ihrem Kind, aus seinen Fehlern zu lernen. Das ist eine sehr wirkungsvolle Art des Lernens. Und auch hier wird neben dem vordergründigen Nutzen der Fehlerverbesserung wieder eine nonverbale Botschaft übermittelt, die für später von größter Wichtigkeit ist:

Du darfst Fehler machen. Du musst dich aber mit ihnen auseinander setzen und kannst aus ihnen lernen.

Wer zu seinen eigenen Fehlern ein „gutes“ Verhältnis hat und sich diese auch zugesteht, hat bessere Erfolgschancen, wird er doch mutiger an Neues herangehen und nicht von sich selber verlangen, dass er alles gleich perfekt kann. Nur so aber sind geistige Höhenflüge möglich: Wir müssen uns mutig hinausstürzen ins Unbekannte, ungewiss, was wir dort vorfinden.

Wer nur bereit ist, das zu machen, was er schon immer machte, wird auch immer nur das bekommen, was er schon immer bekommen hat.

Wir aber wünschen unseren Kindern ein interessantes Leben voller Herausforderungen und Erfolge. Das wird nicht nur für ihr berufliches Fortkommen, sondern auch für ihr Lebensglück und die Erfüllung, die sie im Leben finden, die bessere Möglichkeit sein.

Ein Schulkind erledigt seine Arbeit, ohne zu trödeln

Die meisten Kinder verfügen über ein reichhaltiges Repertoire an Ablenkungsmanövern, wenn es darum geht, irgend etwas zu vermeiden oder hinauszuzögern. Haben sich entsprechende Abwehrmechanismen erst einmal eingeschliffen, ist es schwer, sie wieder loszuwerden. Deshalb gilt auch hier: Wehret den Anfängen!

Hausaufgaben für die Grundschule dauern für gewöhnlich – je nach Jahrgangsstufe – zwischen einer halben und einer guten Stunde, mehr nicht. Wie kommt es dann, dass manche Kinder ganze Nachmittage über ihren Heften sitzen? Diese Frage lässt sich schnell beantworten, wenn man solchen „Trödelfritzen" einmal genau bei der Arbeit – oder besser: bei der Nicht-Arbeit – zuschaut:

Da laufen alle möglichen Versuche, die Mama in Gespräche zu verwickeln. Es wird dauernd aufgestanden, um etwas zu holen, zu trinken, auf die Toilette zu gehen usw. Jeder geringste Außenreiz genügt, um von der Arbeit hochzusehen und sich ablenken zu lassen.

Kurz: Die Zeit wird mit allem Möglichen totgeschlagen, aber es wird nicht gearbeitet.

Dabei ist es so einfach, von Anfang an eine effektive Hausaufgabenstrategie aufzubauen. Das „Hausaufgabenritual" soll immer auf die gleiche Weise ablaufen, warum, ist nach allem vorher Gesagten mittlerweile sicher klar: Was immer so gemacht wird, muss nicht täglich eigens überlegt, geplant oder gar diskutiert werden. Es ist einfach so.

Ein möglicher Ablauf könnte so aussehen:
Der Arbeitsplatz wird hergerichtet. Alles Überflüssige verschwindet. Es liegen Federmäppchen und Hausaufgabenheft auf dem Tisch.

Im Hausaufgabenheft wird nachgesehen, was aufgegeben ist. Es werden die Sachen herausgenommen, die für die erste Hausaufgabe nötig sind.

Es wird täglich mit der gleichen Hausaufgabe begonnen. Entweder wird zuerst gerechnet oder zuerst geschrieben oder zuerst gelesen. Es kommt darauf an, für jedes Kind eine günstige Abfolge zu finden, die es ihm erleichtert, zügig in die Hausaufgaben „hineinzugleiten". Manche Kinder wollen das am wenigsten Geliebte zuerst erledigen. Anderen Kindern fällt es leichter, „zum Aufwärmen" etwas zu machen, was ihnen liegt. Wichtig ist es nur, etwas zu finden, das einen flotten Anfang ermöglicht.

Falls das Kind dazu neigt, während der Aufgaben aufzustehen, um zur Toilette zu gehen, zu trinken usw., wird mit ihm vereinbart, dass es entweder für eine Sorte von Aufgaben oder für eine bestimmte Zeit ohne Unterbrechung bei der Arbeit bleibt.

Hausaufgaben werden schweigend erledigt. „Man denkt mit dem Gehirn und nicht mit dem Mund" ist ein „griffiger" Spruch, der es erleichtert, Kindern gegenüber diese Forderung zu begründen. Fallen Sie nicht auf Konversationstricks herein. Entwickeln Sie ein Gespür für „echte" Fragen, die natürlich auch auftauchen können. Es gibt aber „Fragekünstler", die nahezu bei jedem Wort etwas zu fragen oder anzumerken haben.

Jede Hausaufgabe wird, wenn sie erledigt ist, noch einmal mit dem Eintrag im Hausaufgabenheft verglichen: Habe ich wirklich alles gemacht? Wenn ja, wird im Hausaufgabenheft der entsprechende Eintrag als erledigt abgehakt.

Falls Ihr Kind länger als nötig braucht, also Ansätze zum Trödeln zeigt, sollten Sie eine Uhr aufstellen und bei jeder Hausaufgabe notieren, wie lange sie dauert. Es kann nützlich sein, mit Ihrem Kind für bestimmte Aufgaben ein Zeitlimit festzusetzen und zu schauen, wie weit es innerhalb dieses Limits kommt. Ich habe gute Erfahrungen damit gemacht, mit 15-Minuten-Einheiten zu arbeiten und nach dieser Zeit mit Farbstift einen Strich im Heft oder auf dem Blatt zu ziehen, den „Viertelstunden-Strich"! Wer innerhalb der Zeitvorgabe blieb, bekam diesen Strich nicht. Er hatte ja seine Arbeit bereits vollständig erledigt, wenn die Viertelstunde um war. Da mit dem „Viertelstundenstrich" weder Tadel noch Vorhaltung verknüpft war, sondern nur der sachliche Hinweis erfolgte, wie lange das Kind für ein bestimmtes Pensum gebraucht hatte, wurde er von allen Beteiligten als hilfreich für die Steigerung des Arbeitstempos empfunden. Falls Sie von diesem Hilfsmittel Gebrauch machen wollen, sprechen Sie das vorher mit der Lehrerin Ihres Kindes ab, damit diese Bescheid weiß, was der Strich soll und eventuell auf diese Maßnahme auch in der Schule zurückgreift.

Ein Schulkind weiß, dass Hausaufgaben wichtig und nötig sind

Hausaufgaben sind nicht von Lehrern ersonnen, um Kinder zu quälen. Es fällt mir überhaupt schwer, zu verstehen, warum die so nötige häusliche Nacharbeit und Übung mit soviel negativer Emotion belegt wird. In anderen Ländern bleiben die Kinder täglich bis 16.00 Uhr in der Schule und erledigen dort alles, was es zu tun gibt. Bei uns haben Erstklässler an einigen Tagen der Woche schon um 11.15 Uhr Schulschluss, an den restlichen Tagen um 12.15 Uhr. Dass in dieser Zeit nicht auch noch die zur Festigung des Gelernten nötige Übung stattfinden kann, müsste eigentlich jedem einleuchten. Warum also werden Hausaufgaben immer wieder diskutiert, in Frage gestellt, als persönliche Bosheit des Lehrers betrachtet und nur von einem Teil der Eltern in ihrer wahren Bedeutung erkannt?

An zwei konkreten Beispielen will ich erklären, wie grundlegend falsch es ist, am Thema Hausaufgaben herumzudeuteln, statt diese ohne Wenn und Aber gutzuheißen und zu befürworten.

Lesen lernt man nur durch Lesen

Wenn Kinder lesen lernen, so brauchen sie dabei jemanden, der ihnen zuhört und kontrolliert, ob das laut Gelesene auch wirklich mit dem Geschriebenen übereinstimmt. Außerdem muss mit den Kindern über den Inhalt des Gelesenen gesprochen werden, denn nicht alles Zusammenbuchstabierte und mehr oder weniger holprig Gelesene wird auch wirklich in seiner Bedeutung erfasst. Lesen soll irgendwann einmal so selbstverständlich und mühelos werden, dass es mehr Vergnügen als Arbeit bedeutet. Um so weit zu kommen, ist ein beträchtlicher Übungsaufwand nötig, ungefähr eine Viertelstunde täglich während der ersten beiden Schuljahre. Diese Übungszeit bedarf der Betreuung durch einen kundigen Leser. Viele Eltern glauben, es sei die Aufgabe der Schule, den Kindern das Nötige beizubringen. Dieser Standpunkt ist falsch, das wurde sicher bereits deutlich, und führt unter Umständen zum schulischen Scheitern von Kindern. Schule hat die Aufgabe, Lernen zu organisieren und Lernstoff anzubieten. Lernen muss das Kind. Dabei braucht es Hilfe. Beim Lesenlernen kann diese Hilfe von Seiten der Schule nur bedingt in Form gezielter Aufgabenstellungen und durch Lernangebote erfolgen. Die Betreuung der Übungszeiten muss von außerschulischen Helfern geleistet werden. Das lässt sich durch ein einfaches Rechenexempel belegen: Bei einer nicht besonders großen Schulklasse von 24 Kindern würde die reine Leseübungszeit aller Kinder – ausgehend von einer Viertelstunde pro Tag pro Kind –, 6 Stunden in Anspruch nehmen. Das wäre ein Zeitraum von 8.00 Uhr morgens bis 14.00 Uhr nachmittags. In dieser Zeit könnte dann – wenn die Schule jedem Kind seine für das Lesenlernen nötige Übungsviertelstunde gewährleisten wollte – nichts sonst gemacht als ausschließlich Lesen geübt werden. Jeweils 23 Kinder müssten mucksmäuschenstill dasitzen, damit mit dem einen Kind, das gerade „dran" ist, richtig geübt werden kann. An einem Schulvormittag könnte dann weder ein neuer Buchstabe gelernt noch ein Lied gesungen, weder gemalt, noch gerechnet oder geschrieben werden, von Turnstunden und Bewegungspausen ganz zu schweigen. Dass es eine geradezu unsinnige Forderung ist, von der Schule das gesamte Lernpaket zu fordern, ohne dass zu Hause noch etwas getan werden müsste, erweist sich an diesem Beispiel für jeden einsehbar und schlüssig.

Für Schreiben, Rechtschreiben und Rechnen gilt das Gleiche: Ohne regelmäßige Nacharbeit des in der Schule Durchgenommenen ist Schulerfolg nicht möglich. Die schulischen Übungszeiten alleine reichen bei unseren kurzen Unterrichtsvormittagen jedoch bei weitem nicht aus.

Der mühsame Weg ins Langzeitgedächtnis[10]
Zu keiner Zeit ihres Schullebens lernen Kinder Wichtigeres als während der Grundschulzeit. Hier werden Bausteine gespeichert, aus denen später kunstvolle Denkgebäude entstehen können: Lesen, Schreiben und Rechnen werden in diesen vier entscheidenden Jahren grundgelegt. Was Hänschen da nicht lernt, lernt es wahrscheinlich später als Hans erst recht nicht mehr, ist es doch immer mühsamer, sich das, was zum rechten Zeitpunkt versäumt wurde, im Nachhinein anzueignen.

Lerninhalte, die ein Leben lang abrufbar sein sollen, müssen im Langzeitgedächtnis gespeichert werden. Die wichtigen Dinge dorthin zu transportieren, gelingt natürlich leichter, wenn man weiß, wie das abläuft. Alles, was wir sehen, hören, auf irgendeine Weise erfahren, ist zunächst im Ultrakurzzeitgedächtnis vorhanden. Beschäftigen wir uns mit dem entsprechenden Inhalt nicht weiter, verschwindet er nach ca. einer halben Minute. Das ist zum Beispiel bei Telefonnummern der Fall, die wir uns nur solange merken, bis wir gewählt haben. Aber auch alles andere, was wir nur flüchtig zur Kenntnis nehmen, ohne weiter darüber nachzudenken, verschwindet sehr schnell wieder aus unserem Gedächtnis. Was für uns eine gewisse Bedeutung besitzt, wandert ins Kurzzeitgedächtnis im Hippocampus, das ist ein Gehirnbereich über den Ohren. Dort bleibt es einen bis zwei Tage und verschwindet dann im „Off", wenn es nicht wiederholt wird. Wird ein Inhalt ca. drei Monate im Kurzzeitgedächtnis durch ständiges Wiederholen „am Laufen" gehalten, wandert er schließlich ins Langzeitgedächtnis. Angesichts dieses Ablaufs wird verständlich, warum die tägliche Übung von Einmaleinsreihen und Rechtschreibwörtern so wichtig ist. Vor diesem Hintergrund ist auch einsehbar, dass die Betonung auf „täglich" liegt. Wer einmal in der Woche einen Übungsmarathon von einigen Stunden hinlegt, übt nicht annähernd so effektiv wie derjenige, der täglich ein bescheidenes Pensum von 15 Minuten absolviert. Es gehört allerdings wesentlich mehr Disziplin der Eltern dazu, eine tägliche kurze Übungssequenz zu coachen als ein Kind einmal pro Woche zum Üben zu pressen nach dem Motto: „Na warte nur, am Wochenende wird gelernt, da hilft dir alles nichts!"

Wenn Sie jedoch wollen, dass Ihr Kind dauerhaft erfolgreich lernt, dann ist das tägliche Üben in kleinen Schritten der einzige Weg, der zum Ziel führt.

Da es so lange dauert, bis etwas wirklich „sitzt", rate ich meinen Schülern immer, auch während der Ferien täglich und kurz etwas für ihr persönliches Lernen zu tun. Ich stelle ihnen Übungsprogramme zusammen, und sie bekommen detaillierte Anweisungen, wie sie diese handhaben können. Viele Kinder machen davon gerne Gebrauch, zumal es ja wirklich nur um eine Viertelstunde pro Tag geht, die aber große Wirkung zeitigt.

Ein Schulkind, das Freude am Lernen hat, pflegt sein Gehirn auch in den Ferien

Sie haben es gerade gelesen: Es ist mühsam und dauert geraume Zeit, bis Wissen fest im Gehirn verankert ist. Da im Laufe des Schuljahres aber immer gerade dann, wenn das Lernen nach den letzten Ferien wieder so richtig gut angelaufen ist, eine erneute Unterbrechung durch Ferien kommt, bleiben genau diejenigen Schüler, die kontinuierliches Lernen und Wiederholen über lange Zeiträume am Dringendsten bräuchten, „auf der Strecke". Ihr Motor läuft nie richtig warm, sie bleiben ewige „Kaltstarter". Dass dabei keine nennenswerten Leistungen herauskommen können, liegt auf der Hand. Zu ändern wäre das nur, indem Lernen – ausgehend von neurologischen Gesetzmäßigkeiten – anders, nämlich „gehirnfreundlich" organisiert würde. In den Ferien ist die Gelegenheit viel günstiger als während der Schulzeit, dieses gehirnfreundliche Lernmanagement auf den Weg zu bringen.

Dafür brauchen Sie zuerst einige zusätzliche Informationen zu dem, was bereits weiter oben über das Funktionieren des Gedächtnisses gesagt wurde.

Es gibt nämlich auch noch einige Ausnahmen, wie neue Eindrücke schneller und effektiver abgespeichert werden:

Visuelle Eindrücke können ohne Umweg direkt im Langzeitgedächtnis landen, darum ist das Lernen unter Zuhilfenahme bildlicher Vorstellungen des Lernstoffs meist besonders ergiebig.[11] *Im entspannten Zustand* nimmt unser Gehirn wesentlich mehr auf als in angespanntem Zustand.

Bewegung kann Lernen fördern. Über das Kleinhirn werden Bewegungsfolgen gespeichert und auf diese Weise andere Gedächtnisschleifen aufgebaut als über den Hippocampus.

Emotionen können Lernerfolge beschleunigen, und zwar sowohl negative als auch positive Emotionen. Was unter Angst gelernt wird, kann genauso gut besonders intensiv haften bleiben wie das, was voller Freude und Begeisterung gelernt wird. So erklären sich die oft romantisierenden Erzählungen über besonders strenge Lehrer, bei denen jedes Nichtwissen einer Einmaleinsaufgabe gleich mit einer Ohrfeige quittiert wurde. Ältere Leute, die derartige Rosskuren – unbeschadet, wie sie meinen – überstanden haben, beenden dann derlei pädagogische Schauergeschichten oft geradezu stolz mit der Bekräftigung: „Aber gelernt haben wir's!" Mit meinem Verständnis von professionellem Lernmanagement ist ein derartiges Vorgehen unvereinbar. Dennoch landen auch manche Eltern in ihrer Ratlosigkeit nach mancherlei vergeblichen Versuchen, ihren Sprösslingen etwas mehr Lerneifer einzuimpfen, bei ähnlich drastischen Methoden. Dabei wäre es auch hier so einfach, zum richtigen Zeitpunkt das Rechte zu tun. Emotionen erleichtern das Lernen, und zwar sowohl positive als auch negative. Wer frühzeitig durch Lernen Freude und persönliche Befriedigung erleben durfte, ist auf dem besten Weg zum Erfolg. Er wird leichter lernen, daraus Motivation schöpfen, wegen dieser Motivation beim Lernen positive Emotionen entwickeln, deshalb wiederum leichter lernen usw. Eine positive Spirale ist in Gang gesetzt. Wenn Eltern dies wissen, so können sie die Gelegenheiten nutzen, ihren Kindern wirklich etwas fürs ganze Leben und nicht nur vordergründig für die nächste Probe oder Schulaufgabe mitzugeben.

Wenn Kinder nun Lernen grundsätzlich als etwas Negatives, als Last empfinden, werden sie allen damit verbundenen Pflichten ausweichen wollen. Ist es erst einmal soweit gekommen, haben Eltern keine Chance mehr, auf ihr Kind einzuwirken. Deshalb müssen Sie, wenn Sie verhindern wollen, dass Ihr Kind in den Teufelskreis von *„ungern Lernen – Misserfolg – noch weniger gern Lernen – noch mehr Misserfolg“* überhaupt erst hineingerät, den Anfängen wehren und alles dazu tun, um Ihrem Kind Freude am Lernen zu vermitteln. Ich betone es noch einmal, weil es von so grundlegender Bedeutung ist: Ihre Anerkennung ist wichtiger als diejenige der Lehrerin. Ihre Anteilnahme kann anspornen und beflügeln, Ihr Desinteresse und Ihre Teilnahmslosigkeit können allerdings auch lähmen. Deshalb tragen Sie eine große Verantwortung. Sind Sie mit Ihrem Kind gemeinsam auf einem guten Weg, so wird Lernen nicht als etwas tunlichst zu Vermeidendes betrachtet. Sie können ihm dann sicher auch vermitteln, wie wichtig es ist, während der Ferien das bereits Gelernte im Gehirn lebendig zu halten, damit die bisherige Anstrengung nicht vergeblich war.

Ferienarbeit kann aber noch weit mehr bieten als bloße geistige „Besitzstandswahrung“: Gerade weil die täglichen Pflichten von Schulbesuch und Hausaufgabe entfallen, kann Lernen jetzt locker angegangen werden.

Lernmanagement

Nun ist die richtige Zeit, um über optimales Lernmanagement nachzudenken und manches Organisatorische anzubahnen, was sich danach im Alltag als fester Bestandteil des häuslichen Lernens etablieren soll. Ich habe weiter oben bereits einiges Grundlegende angesprochen, das den Ablauf des Hausaufgabenrituals effektiver werden lässt (s. S. 103 ff. und S. 112 ff.). Wenn Sie eine tägliche Lernviertelstunde in den Ferien nun so anlegen, dass neben der Wiederholung von Lernstoff zugleich die ökonomische Organisation einer

Lernsequenz trainiert wird, ist das Ganze von einem Vorteil, der wieder weit über das vordergründig hier und jetzt Nützliche hinausreicht. Ihr Kind übt auf der konkreten Ebene Rechtschreibwörter, Einmaleinsreihen oder Sachaufgaben, lernt aber auf der übergeordneten, der Meta-Ebene, wie Lernen funktioniert und sinnvoll organisiert wird.

Neurophysiologische Gesetze des Lernens

Wenn Sie sich darüber hinaus die Zeit nehmen wollen, sich selbst über neurophysiologische Abläufe zu informieren und diese dann auf leicht verständliche Weise Ihrem Kind zu erklären, so sollten Sie mein Buch: „Der Räuber Thalamus und andere Geschichten" lesen.[12] Es ist entstanden aus den „Gehirngeschichten", die ich meinen Schülern seit vielen Jahren erzähle, um ihnen begreiflich zu machen, was im Gehirn passiert, wenn wir denken, lernen und uns etwas merken, Neues mit Bekanntem verknüpfen, vor lauter Stress Dinge plötzlich vergessen haben usw.

Da wird die Synapsentransmission als Hindernislauf der Neuronenpostboten dargestellt. Der faule Willi im Innenohr ist schuld an der Überlastung des visuellen Systems und muss erst einmal auf Trab gebracht werden, damit wir leichter lernen. Der Räuber Thalamus lässt wichtige Informationen nicht ins Gehirn, wenn wir ihn falsch behandeln, und rechtes und linkes Gehirn sind zwei Freunde – Lukas und Rita –, die sich gut vertragen müssen, sonst wird es schwierig für uns.

Zu allen Geschichten gibt es lustige Strichmännchen-Illustrationen, die den Inhalt anschaulich machen, und außerdem eine wissenschaftlich exakte Darstellung des theoretischen Hintergrundes.

Gehirnfreundliches Lernen
Doch auch wenn Sie sich nicht eingehend mit den neurophysiologischen Lerngesetzen beschäftigen wollen, können Sie die oben angeführten Prinzipien (S. 119 f.) für effektives Lernen umsetzen und mit Ihrem Kind zusammen nützliche Lernstrategien entwickeln.

Sie erinnern sich:
Das Speichern neuer Informationen ist eine langwierige und mühsame Angelegenheit. Sie kann beschleunigt und erleichtert werden durch
- Bilder, die den Lernstoff illustrieren
- positive Gefühle beim Lernen
- entspanntes Lernen
- Bewegungsabläufe, die das Lernen begleiten

Bilder
Bilder finden leichter Zugang zum Langzeitgedächtnis. Deshalb lohnt es sich, das, was wir lernen wollen, in Bilder zu übersetzen und uns diese als Unterstützung einzuprägen. Besonders einfach lassen sich Sachverhalte aus dem Sachkundeunterricht bildlich darstellen, aber auch Rechengesetze (Zehnerübergang, Einmaleinsreihen) und Grammatikregeln (Satzbau, Beugung von Verben und Substantiven), ja, sogar Rechtschreibwörter (Dehnungen, Schärfungen, Vokale und Konsonanten, Groß- und Kleinschreibung) können in Bilder „übersetzt" und daher auf einer anderen Schiene eingeprägt werden. Konkrete Möglichkeiten für dieses bildliche Speichern habe ich an anderer Stelle ausführlich beschrieben.[13]

Positive Gefühle beim Lernen

Gerade ein einfaches und kurzes Ferien-Lernprogramm kann helfen, zur Tätigkeit „Lernen“ eine positive Einstellung zu gewinnen. (Konkrete Vorschläge, wie solch ein Programm gestaltet werden kann, finden Sie weiter unten, s. S. 127 ff.)

Wenn Sie sich täglich ein wenig Zeit für Ihr Schulkind nehmen und ihm diese Zeit auch uneingeschränkt, gerne und „exklusiv“ schenken, so ist das oft schon die Attraktion an sich. Artet die Lernviertelstunde nicht in stressbelastetes Pauken aus, sondern wird zu einer entspannten „Arbeitssitzung“, bei der Sie auf partnerschaftlicher Ebene mit Ihrem Kind kommunizieren und mit ihm zusammen daran gehen, sein Lernmanagement zu verbessern, dann kann es gar nicht ausbleiben, dass dadurch Lernen insgesamt positiv besetzt wird. Das wiederum, es kann gar nicht oft genug betont werden, ist die Voraussetzung schlechthin für Lernerfolg, wichtiger als alles andere, und darum lohnt es sich, auf diese positive Programmierung Zeit und Mühe zu verwenden. Sie ersparen sich damit weit größere Mühen in der Zukunft.

Entspannung

Als Professor Lozanow seine Methode der Suggestopädie – als Superlearning allgemein bekannt – entwickelt hatte, machte er damit Furore, erzielte er doch Erfolge, die an Wunder zu grenzen schienen. Dabei war die Erklärung einfach und schlüssig: Ein entspanntes Gehirn mit niedriger Gehirnwellenfrequenz ist wesentlich aufnahmefähiger als ein angespanntes, stressbelastetes. Als entspannt gilt das Gehirn, wenn es in so genannten „Alphawellen“ schwingt mit einer Frequenz zwischen 7 und 14 Hertz, das heißt, dass die Neuronen mit 7 bis 14 Zyklen in der Sekunde schwingen. Im Stresszustand werden die Neuronen auf ein Tempo von bis zu 40 Zyklen pro Sekunde beschleunigt. Wir wissen aus Erfahrung, dass wir in einem Zustand großer Erregung nicht in der Lage sind, ruhig zu denken und besonnen zu handeln. Kinder, die sehr zappelig und unkonzentriert sind, haben ein Erregungspotential, das ständig über einem „lernverträglichen" Maß liegt und es ihnen deshalb erschwert, effektiv zu lernen. Wenn in den Ferien der Alltagsstress ausgeschaltet ist, fällt es leichter, auch hier die Weichen neu zu stellen.

Es können einfache Entspannungsübungen trainiert werden.[14] Bereits das Schließen der Augen, verbunden mit einigen tiefen Atemzügen, kann ein zu hektisches Gehirn etwas „herunterdimmen". Zur Entspannung trägt es auch bei, wenn ein bestimmter Ablauf eingeübt wird, der dann bei den Hausaufgaben täglich gleich bleibt. Alles, was von vornherein geregelt wird, muss nicht mehr jedes Mal neu entschieden werden, nimmt deshalb Spannung weg und verhilft so zu einem ausgeglichenen Stimmungshaushalt.

Bewegungsabläufe, die das Lernen begleiten

Bewegung kann Lernen deutlich erleichtern. Über die Zusammenhänge und Hintergründe habe ich ausführlich an anderer Stelle geschrieben.[15] Hier sollen nur konkrete Tipps zur Durchführung „gehirnfreundlicher" Bewegungssequenzen gegeben werden, die auflockernd und entspannend wirken und das Lernen erleichtern können.

Vor dem Lernen

Bewegung aktiviert das Gehirn, allerdings nicht jede beliebige Bewegung, sondern kontrollierte und gezielte Bewegung. Wer vor dem Lernen nur herumzappelt, wird sein Gehirn dadurch nicht „auf Vordermann" bringen. Wer aber gezielte Koordinationsübungen macht, aktiviert die motorische Großhirnrinde und auf dem Weg über wellenartige Fortpflanzung dieser Gehirnaktivität auch andere ihrer Bereiche.

Koordinierte Bewegungen sind:

- langsames, ausgeprägtes, rhythmisches Joggen auf der Stelle unter Einbeziehung der Arme und des Oberkörpers
- Überkreuzbewegungen aller Art[16]
- alle Tanzbewegungen im Rhythmus einer Musik
- alle Variationen der liegenden Achten[17]
- Dirigieren mit beiden Armen im Rhythmus einer Musik
- rhythmische Arm- und Fingerbewegungen
- jede Gymnastik, die exakt, langsam und rhythmisch ausgeführt wird

Beim Lernen

Wenn Lernen durch rhythmische Bewegungen untermalt wird, bleibt das Gelernte leichter haften. So können zum Beispiel Einmaleinsreihen aufgesagt werden, indem im Takt zum Rhythmus der Sprache im Zimmer herummarschiert oder mit den Armen lebhaft und großräumig – aber exakt im Sprechrhythmus! – dirigiert wird.

In Lernpausen

Lässt die Konzentration nach, wirkt eine kurze Bewegungspause oft Wunder. Dafür eignet sich alles an gesteuerter Bewegung, was oben bereits angeführt wurde.

Wichtig ist, dass Ihr Kind für das Empfinden seines eigenen momentanen Zustands und seiner Bedürfnisse sensibilisiert wird und selbst ein Gespür dafür entwickelt, wann ihm eine Bewegungspause gut täte. Auch das ist ein Schritt hin zu eigenverantwortlichem Lernmanagement. In den Ferien finden Sie leichter Gelegenheit, Derartiges zu thematisieren und in Ruhe auszuprobieren.

Das Erstellen eines Ferien-Lernprogramms
Ich biete meinen Schülern seit vielen Jahren den Service von Ferienprogrammen an. Die meisten Kinder machen davon gerne Gebrauch. Sie bekommen von mir eine kleine Zusammenstellung mit Rechenblättern, Schreibübungen, Lesetexten, meistens auch noch mit einigen Rätsel- oder Knobelblättern und Blättern mit Spielvorschlägen und Hinweisen zur Organisation der täglichen Ferienlernzeit.

So sah zum Beispiel das Deckblatt des letzten Ferienheftes für die Herbstferien 2002 aus (Es ist nicht nötig, dass Sie alle erwähnten Arbeitsmöglichkeiten „verstehen". Diese haben sich ja aus unserem Unterricht ergeben. Ich möchte nur zeigen, wie eine derartige Zusammenstellung im Prinzip aufgebaut werden kann):

Ferienarbeit – freiwillig –

für ______________________________

Damit du das Gelernte nicht vergisst, solltest du dein Gehirn jeden Tag ein bisschen trainieren.
So kannst du's machen:

Rechnen

Rechne jeden Tag eine Säule von den Rechenblättern oder einfach eine Viertelstunde lang. Auf den 3 Übungsblättern sind insgesamt 9 Säulen, da kannst du dort anfangen, wo du möchtest.

Am leichtesten ist Blatt 1, mittelschwierig ist Blatt 2, am schwierigsten ist Blatt 3.

Außerdem findest du noch zwei Rechenblätter mit Rechengeschichten und anderen Übungen. Die Lösungen und Antwortsätze kannst du auf ein Blatt schreiben und dieses Blatt in dein Ferienarbeitsheft legen.

Für eine Säule oder 15 Minuten Rechnen bekommst du einen blauen Punkt.

Schreiben

Es wäre gut, öfter das wirklich schöne und fehlerlose Abschreiben auf dem Block oder in einem Extraheft zu üben. Für fünf schöne Zeilen bekommst du einen grünen Punkt.

Lesen

Es wäre sehr wichtig, dass du in den Ferien jeden Tag liest, und zwar mindestens eine Viertelstunde am Tag, besser länger. Für eine Viertelstunde Lesen bekommst du einen roten Punkt. Im Ferienarbeitsheft findest du drei Krimirätsel. Du musst sehr genau lesen und auch die Bilder genau anschauen, um die Lösung zu finden.

Außerdem

findest du ganz hinten noch ein Blatt mit einem Mathespiel: Zuerst bis 20 und Hekaton und eine Anweisung für das Zeichnen von Netzmustern, wie wir sie in der freien Arbeit gezeichnet haben. (Das Blatt heißt Naum Gabo wie der Künstler, der das erfunden hat.)

Kalender

Du darfst dir bei jedem Tag die Punkte eintragen, die du verdient hast: rot, grün oder blau. Besonders gut warst du an Tagen, die alle drei Punkte haben.

Fr 25. 10.	Sa 26. 10.	So 27. 10.	Mo 28. 10.	Die 29. 10.

Mi 30.10.	Do 31.10.	Fr 1.11.	Sa 2.11.	So 3.11.

Bei jedem Ferienheft ist der Kalender – also die Übersicht über alle Ferientage – ein fester Bestandteil. Er ermöglicht dem Schüler den Überblick, wieviel er tatsächlich gearbeitet hat. Das Eintragen der farbigen Punkte lässt zudem auf den ersten Blick erkennen, ob abwechslungsreich oder einseitig geübt wurde. Die Rechenblätter, von denen in dem Ferienheft die Rede war, entstammen einer Software, die auch für „Nur-Eltern" äußerst empfehlenswert ist. Sie können damit in Windeseile Rechenblätter aller möglichen Schwierigkeitsgrade erstellen und beschaffen Ihrem Kind damit eine Menge an Übungsstoff, die auf andere Weise nicht zu bekommen ist. Die Kosten sind alles andere als hoch: Eine Einzelplatzlizenz kostet ca. Euro 40.00.

Es gibt übrigens von dem gleichen Hersteller auch noch den „Wörter-Zirkus", ein Programm zum Erstellen von Deutsch-Übungsblättern.

Die Bezugsquelle: Ernst Schillinger, Fax: 07052/2866
E-mail: e.schillinger@cw-net.de
Tel.: 0171/144 46 24

Informationen zu dieser Software finden Sie im Internet unter www.mathearbeit.de

Freude an der Arbeit

Es ist wunderbar, wenn Eltern sich die Zeit nehmen, sich um das Lernen Ihrer Kinder nicht nur Gedanken zu machen, sondern dafür konkret auch etwas zu tun. Es ist viel unbequemer, sich selbst als verantwortlich zu sehen und aus dieser Verantwortung heraus in das Geschehen einzugreifen, als nur zu jammern über Dinge, die sich nicht so gut entwickeln wie erhofft und die Verantwortung auf andere, zum Beispiel auf die Institution Schule, abzuschieben. So anerkennenswert es also ist, dass Eltern aktiv werden, so sehr muss ihnen allerdings auch ans Herz gelegt werden, dass sich behutsames und kluges Vorgehen empfiehlt. Wenn Kinder noch keine negativen Emotionen für Lernen aufgebaut haben, vielleicht sogar gerne und mit positiven Gefühlen lernen, muss ihnen diese Einstellung unbedingt erhalten bleiben. Deshalb muss ein Ferienprogramm sich für die Kinder auch „rentieren", das heißt, es soll ihnen das Gefühl vermitteln, tüchtig zu sein und dafür von den Eltern Lob und Anerkennung zu bekommen. Das soll nun nicht heißen, dass jede einzelne Schönschreibzeile oder jede Rechensäule bereits als etwas Bewundernswertes über ein vernünftiges Maß hinaus gelobt wird. Das wollen Kinder auch gar nicht, denn sie können sehr fein zwischen falschem Lob und verdienter Anerkennung unterscheiden. Aber Sie als Eltern müssen es ernst nehmen in seinem Bemühen und müssen ihm sachliche Anerkennung zollen. Das gelingt am besten, wenn Sie sich einfach für seine Arbeit interessieren, sich zeigen lassen, was es macht, daran Anteil nehmen und – natürlich – auch artikulieren, dass Sie es gut finden, wenn Ihr Kind sich eigenverantwortlich um sein Lernen kümmert.

Hat Ihr Kind bereits schlechte Lernerfahrungen gemacht, sich als erfolglos erlebt und deshalb negative Emotionen dem Lernen gegenüber aufgebaut, so wird das Ganze schwieriger.

Welche Möglichkeiten Sie aber selbst dann noch haben, darüber soll im nächsten Abschnitt gesprochen werden.

Wenn die Milch bereits verschüttet ist ...

Welche Möglichkeiten haben Eltern, um jetzt noch helfend einzugreifen?

Zum rechten Zeitpunkt das Richtige tun, das wäre die Zauberformel für eine erfolgreiche Schulbiographie, ja, für erfolgreiche Kindererziehung schlechthin. Vielleicht aber wussten Sie „zum rechten Zeitpunkt" noch nicht, was not tut. Vielleicht – und das ist meiner langjährigen Erfahrung nach der häufigere Fall – haben Sie jedoch auch zunächst einmal Schule und Lernen eher auf die leichte Schulter genommen, im Vertrauen auf die Intelligenz Ihres Kindes, vielleicht auch, weil die Arbeit der Grundschule auf den ersten Blick so einfach und unspektakulär ist.

Eltern haben selbst dann, wenn bereits einiges „schlecht gelaufen" ist, noch Möglichkeiten, helfend einzugreifen. Der allerschlechteste Weg ist, das sei gleich vorab gesagt, das Abgeben der Verantwortung an professionelle Nachhilfestudios und dergleichen. Sie haben zwar dann wieder erst einmal „Luft" und können sich in dem Gefühl, „etwas" getan zu haben, zurücklehnen und verschnaufen. Diese Verschnaufpausen werden allerdings, je mehr wertvolle Zeit unwiederbringlich verstreicht, immer kürzer. Sie gewinnen deshalb nichts, wenn Sie die ehrliche Konfrontation mit Lernproblemen noch einmal ein wenig aufschieben. Die Probleme holen Sie irgendwann ein und fordern ihren Tribut. Warum also nicht sofort die Ärmel hochkrempeln und etwas unternehmen? Besser spät als nie! Es wird jedoch sehr schwierig, wenn

Sie allein Ihrem Sprössling klarmachen sollen, dass nun „eigentlich" Handeln angesagt wäre. Am besten ist es, wenn Sie sich dort Unterstützung holen, wo die Probleme sich Tag für Tag am deutlichsten offenbaren: in der Schule!

Unterstützung tut not: Der Deal mit der Schule

Meine Tochter hatte das Pech, in der Grundschule so leicht zu lernen, dass alles, was gefordert wurde, von ihr ganz nebenbei, ohne die geringste Anstrengung, geleistet werden konnte. Dass ich das als „Pech" bezeichne, kommt Ihnen unter Umständen befremdlich vor, ist es aber bei näherem Zusehen ganz und gar nicht. Gerade Kinder, die in den ersten vier Schuljahren überhaupt nicht lernen, was es heißt, sich kontinuierlich und dauerhaft anzustrengen, können später, an einer weiterführenden Schule, ihr blaues Wunder erleben. Da geht es dann plötzlich um englische Vokabeln, um Grammatikregeln und sonst noch allerlei, was wenigstens ein Mindestmaß an Anstrengung verlangt. Haben Kinder nun immer alles „aus dem Handgelenk" geschafft, dann ist die Gefahr sehr groß, dass diese Haltung auch später beibehalten wird. Das schulische Scheitern gerade von begabten Kindern, die eigentlich so leicht lernen, ist viel wahrscheinlicher als das Scheitern jener tüchtigen und braven Lerner, die sich schon in der Grundschule ihre Noten erarbeiten mussten.

Auch mir war während der Grundschulzeit meiner Tochter die Brisanz dieser Problematik nicht so bewusst, wie sie es heute ist. Ich hatte allerdings immer ein ungutes Gefühl, wenn ich sah, mit wie wenig Aufwand sie gute Noten erzielte, und mir wäre es lieber gewesen, sie hätte damals mehr leisten müssen. Das Umschalten auf einen anderen Lernmodus fiel ihr während ihrer ersten Gymnasialjahre auch nicht leicht. Irgendwann schaffte sie es dann doch, das zu tun, was auch von einem intelligenten Kind auf dem Weg zum Abitur verlangt wird, nämlich gewissenhaft und ausdauernd zu arbeiten. Da sie immer erlebte, dass ihre Eltern an allen schulischen Belangen Interesse zeigten, Schule ernst nahmen und ihre schulischen Leistungen respektierten und anerkannten, hatte sie auch während der schwierigen Jahre Halt und Unterstützung. Aus heutiger Sicht wäre es während der Grundschulzeit meiner Tochter richtig gewesen, meine Bedenken mit ihrem Lehrer zu besprechen und vielleicht mit ihm gemeinsam ein Übungsprogramm oder eine Vorgehensweise zu entwerfen, wie sie zu mehr Qualität in ihrer Arbeitshaltung kommen könnte. Und noch besser wäre es gewesen, ihr vom ersten Schultag an die Notwendigkeit von Fleiß, Gewissenhaftigkeit usw. – eben jener unscheinbaren Tugenden, die letztendlich doch entscheidend sind – auf die in diesem Buch beschriebene Weise nahezubringen.

Zu welcher Gruppe Ihr Kind auch gehört – ob zu den „Leichtlernern“ oder zu den „Arbeitern“, es ist immer nützlich, das eigene Vorgehen mit der Lehrkraft abzustimmen. Ist Ihr Kind ein Schüler, von dem man sagen könnte, ihm fliegt alles nur so zu, dann sollten Sie dieses „Zufliegen“ genauer unter die Lupe nehmen: Werden ihm vielleicht die guten Noten von der Schule zu leicht gemacht? Es kommt immer noch vor – wenn auch inzwischen seltener als früher –, dass selbst bei oberflächlicher und schlampiger Arbeitsweise gute Noten erzielt werden können. Ein Unterricht, der auch von sehr begabten Schülern Einsatz verlangt, ist mit Sicherheit besser geplant und durchdacht als ein Unterricht, der intelligenten Schlendrian ermöglicht. Wenn Sie nun sehen, dass Ihr Kind in Gefahr ist, schulisch auf einen Weg zu geraten, der für seine Zukunft schädlich ist, so reden Sie mit dem Lehrer Ihres Kindes. Signalisieren Sie ihm, dass Sie nicht von der Schule erwarten, dieses Problem zu lösen, sondern dass Sie nur moralische Unterstützung für das Lernen zu Hause brauchen.

Ein konkretes Beispiel:
Die traumwandlerisch sichere Beherrschung des kleinen Einmaleins ist für das Rechnen wichtig. Niemand kann wirklich im Mathematikunterricht erfolgreich sein, wenn diese wichtigen Bausteine fehlen, sind doch die Einmaleinsaufgaben die Voraussetzung für schriftliches Malnehmen und Teilen. Sehr oft ist aber der Unterricht in der 3. und 4. Klasse so angelegt, dass Kinder sich durchmogeln können – sogar mit guten Rechennoten! –, ohne die Einmaleinsreihen wirklich mit der nötigen Perfektion zu beherrschen. Wenn Sie nun mit der Lehrerin Ihres Kindes reden, sollten Sie nicht den Vorwurf durchklingen lassen, es werde im Unterricht zu wenig geübt. Sagen Sie einfach, Ihnen sei bei Ihrem Kind aufgefallen, dass es noch sehr unsicher sei und dass Sie deshalb mit ihm zu Hause gerne üben möchten. Weil das aber so schwierig ist, wenn nur die Eltern zusätzliche Übung verlangen, bitten Sie um Unterstützung von Seiten der Schule. Die Lehrerin kann Ihrem Kind vielleicht in Abständen immer wieder sagen, wie wichtig es sei, zu Hause zusätzlich zu üben.

Noch besser ist es, wenn Sie die Lehrerin dafür gewinnen können, mit Ihnen gemeinsam ein Coachingprogramm – abgestimmt auf die individuelle und aktuelle Problematik – zu entwerfen.

Dafür gibt es eine erprobte und bewährte Vorgehensweise, die ich in jahrelanger Zusammenarbeit mit engagierten Eltern entworfen habe. Die genaue „Gebrauchsanweisung“ hierzu füllt ein eigenes Buch.[18]

Exkurs über die Möglichkeit, ein regelrechtes Coachingprogramm gezielt zu planen und kontrolliert durchzuführen

An dieser Stelle kann und soll nur das Wichtigste über diese Möglichkeit in Stichpunkten zusammengefasst werden, damit Sie beurteilen können, ob etwas Derartiges für Sie und Ihr Kind überhaupt in Frage käme.

Eltern als Coach – viele kleine Schritte bringen den Erfolg

Wenn Eltern sich darauf einlassen wollen, mit ihrem Kind ein regelrechtes Coachingprogramm durchzuführen, so gibt es einige Punkte, über die vorher Klarheit herrschen muss:

- Eine unabdingbare Voraussetzung ist es, dass Ihr Kind bereit ist, dabei mitzumachen. Das ist allerdings leider oft erst dann der Fall, wenn es bereits einige schulische Misserfolge hinter sich hat, durch die der entsprechende Leidensdruck aufgebaut wurde.
- Die Verantwortung für Gelingen oder Misslingen des Trainings liegt beim Schüler. Er muss nicht nur „nichts dagegen“ haben, sondern auch bereit sein, aktiv mitzumachen.
- Der Coach – meistens die Mutter – braucht viel Disziplin, um täglich am Ball zu bleiben. Es ist viel leichter, gelegentlich eine Stunde oder länger zu üben als täglich eine Viertelstunde. Aber in der kleinen täglichen Dosis liegt das Geheimnis des Erfolgs.

- Es muss ein genaues Trainingsziel vereinbart werden, das es ermöglicht, Erfolge auch exakt zu definieren.
- Damit diese Ziele punktgenau festgelegt werden können, ist vor Trainingsbeginn eine einwöchige Beobachtungsphase nötig, in der der Coach – stumm, ohne etwas dazu anzumerken! – täglich eine Viertelstunde neben dem Schüler sitzt und auf einer entsprechenden Beobachtungsliste nur einträgt, was er im Hinblick auf bestimmte Kriterien feststellt.
- Die tägliche Trainingszeit von einer Viertelstunde erfordert vom Schüler weniger Zeitaufwand als zusätzlicher Nachhilfeunterricht – kann im Gegenteil oft sogar in die Hausaufgaben integriert werden – und bietet mehr Erfolgschancen als dieser.
- Nach jeweils sechs Wochen Training erfolgt eine Bewertung der erzielten Ergebnisse, um Verbesserungen auch wirklich zur Kenntnis zu nehmen. Nach dieser Evaluation kann dann eine Abwandlung oder auch Neuformulierung der Trainingsziele erfolgen.

Welche Ziele sollen angesteuert werden?

Wird die Schullaufbahn nicht von Grund auf, also vom ersten Schultag an, richtig eingefädelt, so werden sich wahrscheinlich Defizite „einschleichen“, die irgendwann zu messbaren Leistungsstörungen oder zumindest zu „eigentlich“ unnötigen Problemen führen.

Diese Probleme werden, wenn sie erst einmal konkret namhaft gemacht wurden, meist auf dem direkten Weg angegangen, der so aussieht:

Die Noten im Rechnen, in Englisch oder Deutsch sind zu schlecht, also soll mein Kind Rechen- (oder Englisch- oder Deutsch-) nachhilfe bekommen.

Dieser direkten Lösung liegt ein Trugschluss zugrunde. Man glaubt, es sei möglich, die Fähigkeit XY, die einem Kind fehlt, aufzubauen, indem man es mit XY „füttert". Lernen läuft aber nach komplexeren Regeln ab. Sicher ist es eine pädagogische Binsenweisheit, dass man Lesen durch Lesen und Rechnen durch Rechnen lernt. Damit dieses Lernen aber überhaupt stattfinden kann und somit auch Aussicht auf Erfolg hat, müssen Voraussetzungen geschaffen werden. Wenn Ihr Kind sich bereits erfolglos um eine Verbesserung seiner Leistungen bemüht hat, lohnt es sich, vor weiteren Maßnahmen erst einmal nachzudenken, warum die bisher getroffenen nicht das erhoffte Resultat brachten.

Dass zum Lernen mehr gehört als nur Intelligenz, wurde bereits einige Male angesprochen. Und dass es nicht genügt, einen bestimmten Stoff nur „durchzunehmen" oder zu lernen, um ihn sich wirklich anzueignen, erleben wir in der Schulwirklichkeit täglich. Für das Erreichen schulischer Lernziele müssen zuerst einmal grundlegende Fähigkeiten vorhanden sein. Es ist sehr einfach, diese Fähigkeiten zum richtigen Zeitpunkt aufzubauen. Im zweiten Abschnitt: „Der Ernst des Schullebens" wurde ausführlich über dieses Aufbauen grundlegender Schulkind-Fähigkeiten gesprochen.

Wenn es aber bereits deutlich wahrnehmbare Probleme gibt, wurde hier etwas versäumt. Um konkrete Leistungen zu verbessern, müssen deshalb vorher unbedingt diejenigen grundlegenden Bereiche trainiert werden, in denen Defizite vorhanden sind. Erst danach hat gezieltes Leistungstraining einen Sinn. Oft erübrigt sich dieses allerdings dadurch, dass Verbesserungen im Grundlegenden ohnehin Leistungsverbesserungen nach sich ziehen.

Nach den bisherigen Ausführungen haben Sie sicher zumindest eine ungefähre Vorstellung von einigen basalen Fähigkeiten und Eigenschaften, die ein Schüler für erfolgreiches Lernen braucht.

In einer Hierarchie angeordnet – an erster Stelle die wichtigsten, grundlegendsten und ganz am Schluss konkrete leistungsspezifische Ziele – sollen nun Trainingsmöglichkeiten aufgeführt werden:[19]

1. Training der Basiskompetenzen für Lernfähigkeit
Steigerung des Arbeitstempos
mehr Genauigkeit beim Schreiben und Rechnen
Verbesserung der Konzentration
besseres Selbstmanagement bei der Arbeit
aus gemachten Fehlern lernen
– Korrekturen umsetzen
– Arbeitsplanung
– Ordnung und Genauigkeit
mehr Gründlichkeit und Überlegung bei der Arbeit

2. Training grundlegender Arbeitstechniken
Lesetechnik
– flottes, flüssiges und genaues Lesen
Schreibtechnik
– flüssiges Schreiben
– richtiges Schreiben

3. Zusätzliches Ziel: Stärkung der Persönlichkeit
Aufbau von Selbstbewusstsein, Selbstvertrauen und Kritikfähigkeit

4. Individuelle Leistungsziele
Nach dem Muster der Trainingsanweisungen für die 1. und 2. Gruppe von Zielen können Sie ohne weiteres selbst ein

Programm für ganz konkrete individuelle Leistungsziele entwerfen, wenn es dann noch nötig sein sollte. Wollen Sie sich auf ein Coachingprogramm einlassen, so ist es sinnvoll, in Sechs-Wochen-Blöcken in einzelnen Trainingsdurchgängen zu üben. Sechs Wochen sind ein absehbarer Zeitraum, über den sich beim Schüler auch ein Spannungsbogen halten kann, soll doch nach dieser Zeit eine Bewertung der bisherigen Erfolge vorgenommen werden. In einem ersten Trainingsdurchgang sollen nur Ziele aus der 1. und 2. Gruppe trainiert werden, denn sie umfassen sämtliche Schlüsselqualifikationen für das Lernen, in denen wiederum die kleinen, konkreten Ziele enthalten sind.

Diese Schlüsselfähigkeiten können zusammengefasst werden unter den Begriffen:
Management und Organisationsfähigkeit und
Lese- und Schreibtechnik.

Management und Organisationsfähigkeit
Jedes Übungsprogramm hat nur dann Aussicht auf Erfolg, wenn der Schüler zumindest ein gewisses Maß an Motivation mitbringt.

„Motivation treibt Menschen an, etwas zu leisten. Sie ist der Motor, der hinter außerordentlichen Bemühungen und Erfolgen steckt. Im Idealfall werden wir durch positive Emotionen motiviert, sei das nun Liebe, Freude, Interesse, Begeisterung, Neugier oder gesunder Ehrgeiz. Jedoch auch negative Emotionen können Menschen zu herausragenden Leistungen antreiben: Neid, Missgunst, Eifersucht, Angst, krankhafter Ehrgeiz.

Bei Kindern hängt Motivation oft eng zusammen mit den erzielten Erfolgen. Bleiben diese gänzlich aus, verliert sich irgendwann einmal jegliche Motivation und Lernen wird zur Null-Bock-Angelegenheit. Andererseits gibt es auch bei Kindern – genauso wie bei Erwachsenen – die Begeisterung, die Schwierigkeiten überwindet, Anstrengungen nicht scheut und einfach ‚da' ist.

Wenn wir uns darauf einlassen, unser Kind zu coachen, dann tun wir gut daran, unsere Anstrengungen auf Ziele zu richten, die wir auch wirklich erreichen können. Motivation können wir nicht ohne weiteres trainieren. Sie muss wenigstens ansatzweise vorhanden sein, damit wir überhaupt Aussicht auf Erfolg haben. Mit den Erfolgen, die sich bei einem gezielten Training zwangsläufig einstellen werden, wird allerdings auch die Motivation wachsen, und es wird zu einer Wechselwirkung kommen: Je gezielter und konsequenter das Training, desto größer der Erfolg. Je größer der Erfolg, desto mehr Motivation für weiteres Training.

Vorhandene Begabung wird nutzbar gemacht – aktualisiert – durch Motivation und Arbeitshaltung. Während Motivation auf dem Umweg über den Erfolg wächst, kann Arbeitshaltung gezielt trainiert werden. Unter Arbeitshaltung ist all das zu verstehen, was die Form und nicht den Inhalt der schulischen Arbeit betrifft.

Management und Organisation sind die Zauberworte.
Dazu hier einige Schlüsselfragen:

Wie wird Arbeitsmaterial hergerichtet und aufgeräumt?
schlampig *oder* ordentlich

Wie wird mit der Arbeit begonnen?
trödelnd *oder* zielstrebig

Wie wird die Arbeit eingeteilt?
systematisch *oder* chaotisch

Wie ist die Aufmerksamkeit bei der Arbeit?
beständig vorhanden *oder* immer nur für kurze Intervalle

Wie werden Hefte und Mappen geführt?
ordentlich und strukturiert *oder* schlampig und unübersichtlich

Wie ist die Körperhaltung bei der Arbeit?
ruhig, gerade und ausgeglichen *oder* zappelig, verrenkt und schief

‚Aber eigentlich will ich doch nur bessere Noten für mein Kind!', wird jetzt vielleicht ein kleines Männchen in Ihrem Hinterkopf rufen. Eigentlich wollen wir alle ja ‚nur' intelligente Kinder. Was soll denn dann der Zirkus mit ‚Körperhaltung' und ‚Ordnung in den Schulsachen'? Aber genau das ist ‚des Pudels Kern', um mit Goethes Dr. Faust zu sprechen. Und genau deshalb bilden Lernmanagement und Organisation einen zentralen Trainingsbereich unseres Programms."[20]

Lese- und Schreibtechnik
In der Grundschule werden Basisfähigkeiten gelernt und trainiert. All das, was während der Grundschulzeit als Unterrichtsgegenstand einen Selbstzweck besitzt – z. B. Lesen: Es wird ausgeübt, damit das Lesen erst einmal erlernt wird – ist später nur noch Mittel zum Zweck. Am konkreten Beispiel Lesen ist das besonders deutlich zu sehen: Kinder brauchen diese Fähigkeit später in der Schule tagtäglich. Wem das Lesen Mühe bereitet, der versteht schriftliche Arbeitsanweisun-

gen nicht, kann im Rechnen die Texte der Aufgabenstellungen nicht richtig interpretieren, ist unfähig, selbstständig Informationen aus einem Sachtext zu entnehmen, kann schriftliche Gebrauchsanweisungen nicht in die entsprechenden Handlungen umsetzen usw.

Dass es in unserer Gesellschaft immer mehr Erwachsene gibt, die die Kulturtechniken Lesen und Schreiben gar nicht oder nur sehr bruchstückhaft beherrschen, wird immer wieder in der Presse thematisiert. Nun sind aber alle diese funktionellen Analphabeten einmal zur Schule gegangen. Sie wurden im Lesen und Schreiben unterrichtet, haben diese Fähigkeiten aber wohl nie in ausreichendem Maße erlernt und das Wenige, was sie konnten, später wieder „vergessen".

Schüler werden im Unterricht täglich mit Schriftsprache konfrontiert und haben deshalb noch nicht die Möglichkeit, alles einfach zu „vergessen". Es zeigt sich jedoch bereits während der Schulzeit, welch gravierenden Unterschied es macht, ob das Handwerkszeug „Lesen und Schreiben" souverän beherrscht wird oder ob es bereits Mühe macht, einen Text nur zu entziffern oder etwas von Hand aufzuschreiben.

„Wer sich mit dem reinen Schreibvorgang schon abplagen muss, kann einfach keine guten Diktate und Aufsätze schreiben. Müheloses Schreiben und formschöne, flüssige Schrift stehen aber in einem engen Zusammenhang. Es lohnt sich deshalb, unseren Kindern dabei zu helfen, ihre Schrift zu verbessern. Nicht nur Arbeiten im Sprachbereich werden dann besser ausfallen, es werden auch manche Fehler beim Rechnen vermieden, die im Gefolge schlampiger Schrift fast unvermeidlich auftauchen.

Ähnlich ist es beim Lesen. Bereits in der 2. Klasse wird Lesefähigkeit gebraucht, um schriftliche Arbeitsaufträge verstehen zu können. Mit jeder weiteren Klasse wird Lesenkönnen immer mehr zu einer Schlüsselqualifikation für Schulerfolg. Wer in Mathematik den Inhalt von Rechengeschichten nicht erfasst, weil er ihn nicht erlesen kann, hat keine Chance, die damit verbundene Denkaufgabe zu lösen. Wer einem Text keine Informationen entnehmen kann, wird sich mit dem Wissenserwerb schwer tun, denn auch im Computerzeitalter geht nicht alles per Mausklick über den Bildschirm. Komplexe Sachverhalte können allein über das Bild nicht vermittelt werden.

Dass heutzutage gerade die basalen Lese- und Schreibfähigkeiten von vielen Schülern nur mehr ansatzweise erworben werden, hat weder mit einer schlechten Qualität des Unterrichts noch mit gesteigertem Unvermögen auf Seiten der Schüler zu tun. Die Auffassung von Lernen hat sich grundlegend verändert. Während früher einfach akzeptiert wurde, dass Lernen durchaus auch mühsam und mit konsequenter Arbeit verbunden ist, hat man gerade diesen Aspekt in den letzten Jahrzehnten heruntergespielt und so getan, als sei es möglich, Lernen immer nur als Spaß zu empfinden. Das passte zwar zum in der Spaßgesellschaft vorherrschenden Trend, entsprach jedoch keineswegs der Realität.

Lesen und Schreiben können wunderbar trainiert werden. Wenn das überlegt und konsequent gemacht wird, dann kann bereits ein dreimonatiges Training sehr deutliche Fortschritte bewirken."[21]

Stärkung der Persönlichkeit

Haben Sie Ihr Kind in einem der beiden grundlegenden Bereiche trainiert, so kann auf dem Weg über das Bewusstmachen dieser Erfolge auch – quasi als Nebeneffekt – das Ziel angesteuert werden, Selbstvertrauen und Kritikfähigkeit auszubauen und auf diese Weise auch die Persönlichkeit des Kindes zu stärken.

Erfolg zu haben ist eine Sache, diesen Erfolg zur Kenntnis zu nehmen und ihn zuzugeben, eine andere. Viele Menschen haben Erfolg und merken es nicht. Sie bleiben mit sich und ihrer Leistung unzufrieden, auch wenn es gar keinen Grund mehr dafür gibt.

„Unzufriedenheit mit der eigenen Leistung kann konstruktiv sein, wenn sie bedeutet: Das will ich besser machen.

Sie kann aber auch destruktiv sein, wenn sie zur Unzufriedenheit mit der eigenen Person, zu fehlendem Selbstvertrauen, zu Neid und Missgunst vermeintlich Erfolgreicheren gegenüber führt.

Deshalb ist es so wichtig, eigene Erfolge zu erkennen und sich selbst grundsätzlich als leistungsfähig zu sehen. Nur dann ist es auch möglich, sich konstruktiv mit eigenen Fehlern auseinander zu setzen und sich zielstrebig um Verbesserung zu bemühen."[22]

Das Training konkret – die Durchführung

Ist der Schüler grundsätzlich motiviert, an einer Verbesserung seiner Arbeitshaltung und damit auch seiner Leistungen zunächst einmal für eine Trainingseinheit von sechs Wochen gezielt zu arbeiten, so müssen Sie erst einmal konkrete Ziele festlegen.

Eine Auswahl möglicher Ziele ist weiter oben (s. S. 140 ff.) unter dem Punkt „Management und Organisationsfähigkeit" zusammengefasst. Damit Sie die in Ihrem individuellen Fall wichtigsten Ziele herausfinden können, müssen Sie Ihr Kind erst einmal beobachten. Es reicht nicht aus, grundsätzlich und allgemein zu wissen: Mein Kind arbeitet furchtbar schlampig und bleibt nicht bei der Sache. Dieses „Schlampig-

Arbeiten" hat bestimmte Erscheinungsformen, auf die es ankommt. Beobachten Sie also Ihr Kind eine Woche lang täglich nur eine Viertelstunde bei seiner Arbeit. In dieser Viertelstunde sehen Sie alles, was wichtig ist.

Aber:
Beobachten heißt wirklich nur: beobachten.

Verkneifen Sie sich jede Äußerung, jeden Hinweis und jede Belehrung. *Schweigen Sie!*

Schreiben Sie nur auf einen Beobachtungszettel, was Ihnen auffällt, zum Beispiel:

Schaut bei jedem Geräusch von außen hoch und ist dann erst einmal eine Weile unkonzentriert.

Oder:

Kritzelt auf dem Löschblatt herum.

Oder:

Streicht schlampig ohne Lineal durch.

Oder:

Schreibt über das Zeilenende hinaus usw.

Jedes Mal, wenn sich dieses beobachtete Verhalten wiederholt, machen Sie einen Strich in Ihrer Auflistung.

Wenn Sie das konsequent eine ganze Woche durchführen, haben Sie am Ende dieser Beobachtungszeit ein recht genaues Bild der „Unarten", die Lernen erschweren oder verhindern.

Legen Sie nun die Trainingsziele fest. Das dürfen nicht zu viele auf einmal sein. Versuchen Sie, die wichtigsten drei oder vier der beobachteten „Unarten" herauszufischen, besprechen Sie mit Ihrem Kind, dass das die Trainingsziele sein sollen und erklären Sie ihm auch, warum es wichtig ist, an so vordergründig nebensächlichen Zielen zu arbeiten. Argumentationshilfen finden Sie im vorliegenden Buch zur Genüge.

Haben Sie nun die Ziele genau definiert, geht es ans „Weg-Trainieren" unerwünschter Verhaltensweisen. In der Trainingsphase setzen Sie sich ebenfalls – wie in der Beobachtungsphase – für eine Viertelstunde täglich neben Ihr Kind und beobachten es bei der Arbeit.

Immer dann, wenn eine in der Zielliste aufgeführte Verhaltensweise vorkommt, zum Beispiel das Kritzeln auf dem Löschblatt, weisen Sie Ihr Kind nonverbal darauf hin. Es ist sehr wichtig, dass Sie sich auch jetzt verbale Äußerungen verkneifen. Dieser Punkt stellt meiner Erfahrung nach die Fähigkeiten und die Anstrengungsbereitschaft der Mütter immer besonders hart auf die Probe. Viele würden liebend gerne bei beobachteten „Unarten" gleich mit einer Belehrung loslegen, wie z. B.:

„Musst du *schon wieder* auf dem Löschblatt herumkritzeln! Ich habe dir doch schon *hundertmal* ..." usw. Man kennt das, was jetzt kommt. Auch Ihr Kind weiß, was nun erfahrungsgemäß an mütterlicher Kritik und Belehrung zu erwarten ist und schaltet einfach ab. Es hört nicht mehr hin, und Sie haben wieder einmal eine Möglichkeit versäumt, positiv auf Ihr Kind einzuwirken. Positiv einwirken heißt, es auf einen Fehler aufmerksam zu machen, ohne dass damit Vorwürfe und negative Emotionen verknüpft sind, wie es bei Belehrungen der angeführten Art unvermeidlich ist.

„Als nonverbales Zeichen eignet sich gut eine Berührung an der Schulter, eventuell verbunden mit einem pantomimischen Hinweis. So legte zum Beispiel Tobis Mama ihren Finger leicht auf seine Lippen, wenn er zu reden anfing. Die Zeichen müssen auf alle Fälle mit dem Kind vorher abgesprochen und von ihm akzeptiert werden. Das ist wichtig. Es wäre sicher nicht bei jedem Kind möglich, ihm den Finger auf die Lippen zu legen, um es ans Stillsein zu erinnern. Manche Kinder würden da bestimmt eher bockig reagieren, was die mütterliche Intervention kontraproduktiv machen würde. Deshalb ist die vorherige Absprache so wichtig. Beim Training selbst darf es keine Diskussionen mehr geben.

Ein entscheidendes Merkmal unseres Trainings ist gerade die Tatsache, dass keine Ermahnungen im herkömmlichen Sinn gegeben werden.

‚Sitz gerade, schreib ordentlich, hör auf zu zappeln, konzentriere dich', alle diese Appelle haben die Kinder schon bis zum Überdruss gehört. Deshalb nehmen sie sie auch entweder gar nicht mehr wahr, oder sie reagieren mit Verweigerung: Jetzt erst recht nicht!

Die nonverbale Schiene jedoch ist neu. Signale auf dieser Ebene werden noch zur Kenntnis genommen und haben die Möglichkeit, etwas zu bewirken. Programmieren Sie sich deshalb darauf, in der konkreten Situation nichts zu sagen, sondern nur zu berühren, zu deuten, sich pantomimisch verständlich zu machen. Alles, was gesagt werden muss, soll vor dem Training besprochen werden."[23]

Wichtig ist also bei der Durchführung des Trainings: Nicht reden, nur handeln, zeigen oder deuten.

Nach einer Viertelstunde Trainingszeit können Sie Ihr Kind alleine weiterarbeiten lassen. Notieren Sie sich auch beim Training die Häufigkeit des Fehlverhaltens, damit Sie nach der ersten Trainingseinheit von sechs Wochen Grundlagen für die Erfolgsbewertung haben.

Wenn diese Erfolgsbewertung stattfindet, ist es von entscheidender Wichtigkeit, dass Sie den Focus Ihrer Aufmerksamkeit auf das richten, was besser geworden ist, und nicht primär feststellen: „Das oder jenes machst du ja *immer* noch!" In dieser Äußerung steckt der klare Vorwurf: „Du hast versagt!"

Es ist viel nützlicher, wenn Sie z.B. bemerken: „Früher hast du in einer Viertelstunde 10 bis 15 Mal von deiner Arbeit aufgesehen und herumgeschaut. Nach diesen sechs Wochen machst du das nur noch 2 bis 3 Mal. Das ist doch ein gewaltiger Fortschritt. Wie empfindest du es denn?"

Nun ist es möglich, für eine zweite Sechs-Wochen-Trainingseinheit die alten Ziele etwas abzuwandeln oder gleich neue Ziele aufzustellen.

Vielleicht hat sich aber im grundlegenden Bereich schon so viel verbessert, dass Sie jetzt an ein konkretes Leistungstraining gehen wollen.

Leistungsziele konkret

Auch hier ist es nötig, die Ziele genau zu definieren. Was bedeutet: „Mein Kind soll besser rechnen?" Hat es Probleme mit der Zahlvorstellung und dem Stellenwertsystem? Beherrscht es die Einmaleinsreihen nicht gut genug? Kommt es mit dem Zehnerübergang nicht zurecht?

Erst dann, wenn diese Ziele feststehen, kann überlegt werden, wie konkrete Übungen dazu gestaltet werden müssen.

Während beim Trainingsbereich Management und Organisation das Training in die tägliche Hausaufgabe einfließt und keinen zusätzlichen Zeitaufwand erfordert, ist bei einem Leistungstraining pro Tag eine Viertelstunde zusätzlicher Übungszeit erforderlich.

Wie das genau organisiert werden kann, habe ich an anderer Stelle ausführlich beschrieben.[24] Es würde den Rahmen der vorliegenden Arbeit sprengen, diesen Teilbereich detailliert abzuhandeln. Als nützlich erweist es sich immer, mit der

Lehrerin zu reden und sie um genaue Hinweise zu bitten, was und wie geübt werden soll.

Für Rechenübungen empfehle ich nochmals die bereits erwähnte Software (s. S. 129). Schreib- und Leseübungen können Sie zu Hause nach Tipps und Anweisungen der Lehrerin gestalten.

Schlussgedanken

Im vorliegenden Buch ist das Hauptaugenmerk darauf gerichtet, wie von Anfang an das Entstehen von Leistungs- und Motivationsdefiziten vermieden und Schulerfolg gezielt aufgebaut werden kann. Es ist natürlich besser, spät etwas zu unternehmen als nie. Es ist auch – wie im letzten Abschnitt kurz umrissen – möglich, bei einem gezielten Training, das über einen genügend langen Zeitraum durchgehalten wird, sehr deutliche, oft geradezu frappierende Verbesserungen zu erzielen.

Doch wie beim Thema Gesundheit, so ist es auch beim Lernen: Rechtzeitige Prävention ist allemal einer späteren „Reparatur" vorzuziehen.

Wenn Sie ein Kind im Grundschulalter haben, so lohnt es sich, Ihre eigene Einstellung zu Schule und Ihr Verhalten der Schule, den Lehrern und Ihrem Schulkind gegenüber einer genauen Prüfung zu unterziehen. Vieles, was Sie in den wichtigen Grundschuljahren richtig einfädeln, macht sich auch in späteren Schuljahren noch positiv bemerkbar, während wiederum Versäumnisse oft erst nach geraumer Zeit negativ zu Buche schlagen.

Deshalb wünsche ich Ihnen und Ihrem Kind, dass Sie nicht den zweitbesten Weg – den der nachträglichen Reparaturen – einschlagen, sondern den besten, nämlich, von Anfang an als interessierte, konstruktive und fürsorgliche Eltern in gedeihlicher Zusammenarbeit mit der Schule und in respektvollem Umgang mit den Lehrern Ihres Kindes soviel wie möglich richtig zu machen.

Anmerkungen

[1] Lilly Kemmler, Erfolg und Versagen in der Grundschule, Göttingen, 1967

[2] Lilly Kemmler, a. a. O.

[3] Lotte Schenk-Danzinger, Pädagogische Psychologie, öbv Wien, 1972

[4] Lilly Kemmler, a. a. O.

[5] Hertha Hafer, Die heimliche Droge – Nahrungsphosphat, Kriminalistik Verlag, Heidelberg, 1986

[6] Über die Entspannungsecke in: Carl Rogers, Lernen in Freiheit, Kösel Verlag, München, 1974

[7] Zu Arbeitsverträgen: Carl R. Rogers, Lernen in Freiheit, Kösel Verlag, München, 1974

[8] Adresse der Tourette-Gesellschaft: Tourette-Gesellschaft Deutschland e. V. c/o Prof. Dr. med. Aribert Rothenberger, Universität Göttingen, Abt. für Kinder- und Jugendpsychiatrie, von-Siebold-Str.5, 37 075 Göttingen, Tel. 0551/396727

[9] Josef Kraus, Spaßpädagogik – Sackgassen deutscher Schulpolitik, Universitas Verlag, München, 1998

[10] Christina Buchner, Der Räuber Thalamus, VAK Kirchzarten, 1998, S. 113 ff.

[11] Siehe hierzu: Christina Buchner, BrainGym und Co., VAK Kirchzarten, 1997, S. 88 ff.

[12] Christina Buchner, Der Räuber Thalamus, a. a. O.

[13] Zum elementaren Rechnen in Handlungseinheiten und Bildern: Christina Buchner, Neues Rechnen, Neues Denken, VAK Verlag Kirchzarten, 1999. Zum Lernen allgemein: Christina Buchner, BrainGym und Co., a. a. O.

[14] Siehe hierzu: Christina Buchner, Stillsein ist lernbar, a.a.O. Und Christina Buchner und Silvia Wimmer, Wassermann und Eskimo, VAK Verlag Kirchzarten, 1998

[15] Über Bewegung und Lernen in: Christina Buchner, BrainGym und Co., a.a.O.

[16] Genaue Hinweise und Tipps zu Überkreuzbewegungen in; Christina Buchner, BrainGym und Co., a.a.O.

[17] Genaue Hinweise zu liegenden Achten: in: Christina Buchner, BrainGym und Co., a.a.O.

[18] Christina Buchner, Coach dein Kind, öbv Verlag, Wien, 2003

[19] Siehe hierzu auch: Christina Buchner, Coach dein Kind, a.a.O.

[20] Christina Buchner, Coach dein Kind, a.a.O.

[21] Christina Buchner, Coach dein Kind, a.a.O.

[22] Christina Buchner, Coach dein Kind, a.a.O.

[23] Christina Buchner, Coach dein Kind, a.a.O.

[24] Christina Buchner, Coach dein Kind, a.a.O.

Uta Reimann-Höhn

ADS – So stärken Sie Ihr Kind

Was Eltern wissen müssen und wie sie helfen können

Band 5095

Grundlegende Informationen und praktische Ratschläge zum Aufmerksamkeits-Defizit-Syndrom. Mit gezielten Entspannungs-, Beruhigungs- und Konzentrationsübungen.

Uta Reimann-Höhn

Langsam und verträumt

ADS bei nicht-hyperaktiven Kindern

Band 5163

Dieser kompetente Ratgeber informiert Eltern, wie sie ihr Kind neben therapeutischen Maßnahmen praktisch und seelisch unterstützen können

Uta Reimann-Höhn

Lernen – mit Spaß und ohne Stress

Die wichtigsten Techniken und Tricks für Kinder

Band 5388

Lernpsychologie und Hirnforschung sind sich einig: es geht darum, den Lerntyp zu erkennen! Dann lernt man Schreiben, Lesen, Rechnen oder Regeln und Sprachen ohne Probleme.

Schulerfolg

Was Eltern tun können

Band 5682

Nur wenn Eltern und Schule an einem Strang ziehen, kann Schule für Kinder gelingen: Anforderungen stellen, Grenzen setzen, Klärung bei Missverständnissen. Und bei Schwierigkeiten sofort Schritte einleiten.

Maria Leistner

Was Kinder klug macht

Band 5356

Ein kleines Handbuch mit kreativen und spielerischen Anregungen: Wie kann man mit Wasser-gläsern Musik machen? Wer findet den versteckten Wecker? Was ist drin in den verschiedenen Tast-Säckchen? Viele erprobte praktische Ideen, die Kinder klug machen. Dazu Hintergrundinformationen zur Entwicklung zwischen 3 und 6.

Fit für die Schule

Christine Kügerl
So lernt mein Kind sich auszudrücken
Mit Praxistest
Band 5719

Hintergrundinformationen und praktische Anregungen rund ums Thema Sprachfähigkeit.

Uta Reimann-Höhn
So lernt mein Kind sich konzentrieren
Mit Praxistest
Band 5720

Konzentration ist die Grundlage für alles, was ein Kind lernt. Informationen und praktische Tipps zur Konzentrationsförderung und Entspannung.

Klaus Utz
So wird mein Kind selbstsicher
Mit Praxistest
Band 5711

Alles, was Eltern wissen müssen, damit ihr Kind Selbstvertrauen und Selbstsicherheit entwickelt. Informationen, Tests und praktische Tipps.

Frauke Meinders-Lücking / Susanne Loy
Wie schulfähig ist mein Kind?
Mit Praxistest
Band 5721

Ein genauer Blick auf die Schulvoraussetzungen und Hilfestellungen, um die individuellen Fähigkeiten des eigenen Kindes einzuschätzen.

Michael Felten
Schule besser meistern
Kinder herausfordern und ermutigen
Band 5610

Mehr emotionale Zugewandtheit verstärkt den inneren Halt; vielfältigere Herausforderungen fördern die Entfaltung; Selbstbewusstere Autorität steigert Belastbarkeit und Reife.

Kindern leben helfen

Bernd Mumbach
ADS verstehen und ganzheitlich heilen
Was Eltern tun können
Band 5489

Ein systemischer Zugang, der zeigt, was unruhigen Kindern wirklich fehlt und wie man ihnen helfen kann.

Montessori
Lernen ohne Druck
Schöpferisches Lernen in Familie und Schule
Band 5252

Wer ohne Druck lernt, behält das Wissen – und die Neugier auf alles, was es noch zu lernen gibt.

Elisa Diekemper / Uta Reimann-Höhn
Rituale geben Sicherheit
Wie Kinder Vertrauen gewinnen
Band 4939

Wie Ängste, Krankheit, Bewegungsunlust, Hyperaktivität, Essprobleme oder Einschlafschwierigkeiten mit Ritualen bewältigt werden können.

Christine Kügerl
Selbstbewusst und rücksichtsvoll
Wie Kinder starke und einfühlsame Persönlichkeiten werden
Band 5248

Kinder brauchen beides: Durchsetzungsvermögen und Sozialkompetenz. Eltern können schon im Vorschulalter viel dafür tun. Fundierte Informationen.

Elke Leger
Wie Kinder Werte lernen
Ein Buch für Eltern
Band 5347

Anregungen für eine Werte-Erziehung: Auch Kinder müssen Verantwortungsgefühl und soziale Kompetenz lernen, damit sie ihren Platz im Leben finden.

Mit Kindern leben

Jesper Juul
Aus Erziehung wird Beziehung
Authentische Eltern – kompetente Kinder
Band 5533

Kinder auf eine sensiblere Art sehen und ernst nehmen und störendes Verhalten in Botschaften übersetzen: Das führt zu Autorität auf der Basis von Achtung, Verantwortung und gegenseitigem Respekt.

Roswitha Defersdorf
Deutlich reden – wirksam handeln
Kindern zeigen, wie Leben geht
Band 4829

Damit Kinder ihren Weg eigenständig und erfolgreich gehen lernen, brauchen sie Eltern, die eindeutig, klar und liebevoll sind.

Dietrich Kayser
Erziehen ist C.H.E.F – Sache
In schwierigen Situationen souverän reagieren
Band 5466

Die C.H.E.F.-Methode vermittelt die Fähigkeit, konsequent, zielorientiert – und sensibel auf Kinder und Heranwachsende zuzugehen.

Thomas Grüner
Was Kinder stark und glücklich macht
Die kleine Elternschule
Band 5440

Orientierung, Bindung, Einflussmöglichkeiten, Spaß und Anerkennung: Wie Eltern diese Dinge in eine gute Balance bringen, ohne sich selbst hintan zu stellen, zeigt der erfahrene Psychologe.

Hans Janssen
Wenn Kinder nicht hören wollen
Das 5-Schritte-Programm für genervte Eltern
Band 5697

Das erprobte Programm, um das Verhalten der Kinder und dessen Ursachen in den Blick zu nehmen – vom Vorschulalter bis zur Pubertät.